Matthias Loose

Rückstellungen für Umweltverbindlichkeiten

Der Rechts- und Steuerdienst

Kölner Schriftenreihe
zeitnaher rechtswissenschaftlicher Abhandlungen

Heft 78

Rückstellungen für Umweltverbindlichkeiten

von

Dr. Matthias Loose

Verlag Dr. Otto Schmidt KG · Köln

Die Deutsche Bibliothek – CIP-Einheitsaufnahme

Loose, Matthias:
Rückstellungen für Umweltverbindlichkeiten / von
Matthias Loose. – Köln: O. Schmidt, 1993
(Der Rechts- und Steuerdienst; H. 78)
Zugl.: Bochum, Univ., Diss., 1993
ISBN 3-504-64078-2

NE: GT

© 1993 by Verlag Dr. Otto Schmidt KG
Postfach 51 10 26, 50946 Köln
Tel.: 02 21/9 37 38-01, Fax: 02 21/9 37 38-9 21

Das Werk einschließlich aller seiner Teile ist urheberrechtlich geschützt. Jede Verwertung, die nicht ausdrücklich vom Urheberrechtsgesetz zugelassen ist, bedarf der vorherigen Zustimmung des Verlags. Das gilt insbesondere für Vervielfältigungen, Bearbeitungen, Übersetzungen, Mikroverfilmungen und die Einspeicherung und Verarbeitung in elektronischen Systemen.

Druck und Verarbeitung: Bercker Graphischer Betrieb GmbH, Kevelaer

Printed in Germany

Vorwort

Die Frage der Bilanzierung von Umweltverbindlichkeiten wird von Literatur und Finanzverwaltung unterschiedlich beantwortet. Die Finanzverwaltung stellt an Umweltschutzrückstellungen in Anlehnung an die Rechtsprechung zu Rückstellungen für öffentlichrechtliche Verbindlichkeiten sehr hohe Anforderungen. Dies ist in der Literatur auf erhebliche Kritik gestoßen. Der VIII. Senat beim Bundesfinanzhof wird sich der Frage der Voraussetzungen für Umweltschutzrückstellungen in einer Revision der Entscheidung des Finanzgerichts Münster vom 12.6.1990 annehmen. Der interessierte Beobachter darf auf die Auseinandersetzung mit den Argumenten der Literatur gespannt sein.

In dieser Arbeit ordne ich Umweltschutzrückstellungen in den Rahmen der bereits bekannten Rückstellungen ein. Bei der Frage, welche Anforderungen eine Umweltschutzverpflichtung erfüllen muß, damit der Kaufmann entsprechende Umweltschutzrückstellungen bilden kann und muß, habe ich einzelne Umweltverbindlichkeiten näher betrachtet. Mit der Arbeit will ich einen Überblick über die unterschiedlichen Verpflichtungstatbestände vermitteln, nicht aber eine vollständige Auflistung aller Umweltschutzverpflichtungen. Das Problem der faktischen Umweltschutzverpflichtung auf Grund des großen Interesses, welches die Öffentlichkeit und die Medien dem Umweltschutz schenken, habe ich anhand eines Beispiels näher untersucht.

Nach meiner Auffassung darf für Umweltschutzrückstellungen kein "Sonderrecht" gelten. An Umweltschutzrückstellungen sind die gleichen Anforderungen zu stellen, wie an alle anderen Rückstellungen. Die Arbeit befaßt sich auch mit der Frage, ob für Umweltschutzrückstellungen der Zeitpunkt des rechtlichen Entstehens oder der wirtschaftlichen Verursachung maßgeblich ist. Diese Frage spielt vor allem bei den Anpassungsverpflichtungen eine große Rolle. Entgegen einiger Stimmen aus der betriebswirtschaftlichen Literatur meine ich, daß der Kaufmann Rückstellungen bereits dann bilden

Vorwort

muß, wenn die Verpflichtung rechtlich voll entstanden, aber noch nicht wirtschaftlich verursacht ist.

Die Arbeit wurde im Wintersemester 1992/93 von der juristischen Fakultät der Ruhr-Universität Bochum als Dissertation angenommen. Rechtsprechung und Literatur sind bis zum März 1993 berücksichtigt.

Ich danke meinem verehrten Lehrer Herrn Prof. Dr. Heinrich Wilhelm Kruse für die mir gewährte Betreuung und Förderung. Gerade angesichts der Aktualität des Themas danke ich Herrn Prof. Dr. Uwe Hüffer für die zügige Zweitberichterstattung. Dem Verlag möchte ich für die Aufnahme der Arbeit in die Schriftenreihe "Der Rechts- und Steuerdienst" danken.

Bochum, im März 1993

Matthias Loose

Inhaltsübersicht

Vorwort   V
Inhaltsübersicht   VII
Inhaltsverzeichnis   IX
Abkürzungsverzeichnis   XVI
Literaturverzeichnis   XIX

1. Abschnitt:

Rückstellungen für Umweltverbindlichkeiten im Rahmen der bestehenden Rückstellungsregelung   1

§ 1   Umweltschutzrückstellungen als Bilanzrechtsproblem   1

§ 2   Handels- und steuerrechtliche Rückstellungsregelungen   4

§ 3   Umweltverbindlichkeiten   16

2. Abschnitt:

Voraussetzungen für Umweltschutzrückstellungen   28

§ 4   Für alle Umweltschutzrückstellungen geltenden Voraussetzungen   28

§ 5   Rückstellungen für zivilrechtliche Umweltverbindlichkeiten   36

§ 6   Rückstellungen für öffentlich-rechtliche Umweltverbindlichkeiten   52

§ 7   Rückstellungen für faktische Umweltverbindlichkeiten   77

3. Abschnitt:

Rückstellungen für Altlastensanierung und öffentlich-rechtliche Anpassungsverpflichtungen   **86**

§ 8 Rückstellungen für Altlastensanierung   86

§ 9 Rückstellungen für Umweltschutzanpassungsverpflichtungen   129

§ 10 Ergebnis und Ausblick   155

Sachregister   157

Inhaltsverzeichnis

Vorwort	V
Inhaltsübersicht	VII
Inhaltsverzeichnis	IX
Abkürzungsverzeichnis	XVI
Literaturverzeichnis	XIX

1. Abschnitt:
Rückstellungen für Umweltverbindlichkeiten im Rahmen der bestehenden Rückstellungsregelung 1

§ 1 Umweltschutzrückstellungen als Bilanzrechtsproblem 1

    I. Wirtschaftliche Bedeutung von Umweltschutzrückstellungen 1

    II. Bilanzrechtliche Fragen 2

§ 2 Handels- und steuerrechtliche Rückstellungsregelungen 4

    I. Handelsrechtliche Rückstellungsregelung im Lichte unterschiedlicher Bilanzauffassungen 4

        1. Statischer Rückstellungsbegriff 4

        2. Dynamischer Rückstellungsbegriff 6

        3. Die Entwicklung bis zum heutigen Rückstellungsbegriff 7

    II. Rückstellungen in der Steuerbilanz 10

        1. Maßgeblichkeit der handelsrechtlichen Rückstellungsregelung 10

        2. Aufwandsrückstellungen 12

	3.	Spezielle handels- und steuerrechtliche Rückstellungstatbestände	14
III.	Ergebnis zu § 2		15

§ 3 Umweltverbindlichkeiten ... 16

    I. Der Begriff "Umweltverbindlichkeit" ... 16

    II. Einteilung von Umweltverbindlichkeiten ... 17

    III. Einzelne Verpflichtungstatbestände ... 18

        1. Zivilrechtliche Umweltschutzverpflichtungen ... 18

            a) Vertragliche Umweltschutzverpflichtung ... 19

            b) Gesetzliche Umweltschutzverpflichtung ... 19

                aa) Der zivilrechtliche Abwehranspruch ... 20

                bb) Die verschuldensabhängigen Schadensersatzansprüche ... 21

                cc) Die Gefährdungshaftung für Umweltschäden ... 22

        2. Öffentlich-rechtliche Umweltschutzverpflichtungen ... 25

    IV. Ergebnis zu § 3 ... 27

2. Abschnitt:

Voraussetzungen für Umweltschutzrückstellungen ... 28

§ 4 Für alle Umweltschutzrückstellungen geltende Voraussetzungen ... 28

    I. Das Bestehen einer Verbindlichkeit ... 28

II.	Die betriebliche Veranlassung	30
	1. Betriebsausgaben	30
	2. Schadensersatzverpflichtungen und Geldbußen	31
III.	Aktivierungspflicht zum Zeitpunkt der Auflösung	32

§ 5 Rückstellungen für zivilrechtliche Umweltverbindlichkeiten 36

    I. Vertragliche Umweltverbindlichkeiten 36

    II. Gesetzliche Umweltverbindlichkeiten 37

        1. Der zivilrechtliche Abwehranspruch 38

        2. Die verschuldensabhängigen Schadensersatzansprüche 40

        3. Rückstellungen für die Verpflichtungstatbestände des Umwelthaftungsgesetzes 43

            a) Gefährdungshaftung für Umweltschäden 43

            b) Verpflichtung zur Deckungsvorsorge 47

            c) Verpflichtung zur Aufzeichnung des Betriebsablaufs 48

            d) Pauschalrückstellungen für Umwelthaftungsverbindlichkeiten 49

            e) Ergebnis zu 3. 51

§ 6 Rückstellungen für öffentlich-rechtliche Umweltverbindlichkeiten 52

    I. Gemischter Verpflichtungsgrund 53

    II. Verpflichtung auf Grund eines Verwaltungsakts 56

	1.	Hinreichend bestimmter Verwaltungsakt	57
	2.	Nichtiger oder rechtswidriger Verwaltungsakt	58
	3.	Rückstellungen für Kosten der Ersatzvornahme	59
III.	Verpflichtung auf Grund eines öffentlich-rechtlichen Vertrags		60
IV.	Verpflichtung unmittelbar aus dem Gesetz		61
	1.	Umweltverbindlichkeiten auf Grund von Ermächtigungsnormen	62
	2.	Anforderungen an die Konkretisierung öffentlich-rechtlicher Umweltverbindlichkeiten	63

      a) Hinreichend bestimmte gesetzliche Umweltschutzverpflichtung   63

          aa) Genau bestimmtes Handeln   69

          bb) Stand von Wissenschaft und Technik   66

      b) Die Sanktionsdrohung   68

      c) Die Nähe zum abgelaufenen Wirtschaftsjahr   69

   3. Einzelne Verpflichtungstatbestände   71

      a) Abfallvermeidung und Abfallbeseitigung   72

      b) Die Verpackungsverordnung   73

      c) Die immissionsschutzrechtliche Nachsorgeverpflichtung   74

V. Ergebnis zu § 6   75

§ 7	Rückstellungen für faktische Umweltverbindlichkeiten		77
	I. Beispielsfall		77
	II. Wirtschaftliche Umweltverbindlichkeit		78
	III. Vergleich mit Kulanzrückstellungen		80
		1. Abgrenzung zu Aufwandsrückstellungen und freiwilligen Umweltschutzmaßnahmen	81
		2. Wirtschaftliche Verursachung der faktischen Umweltverbindlichkeit	84
	IV. Ergebnis zu § 7		85

3. Abschnitt:

Rückstellungen für Altlastensanierung und öffentlich-rechtliche Anpassungsverpflichtungen   **86**

§ 8	Rückstellungen für Altlastensanierung		86
	I. Das Umweltproblem "Altlasten"		86
		1. Der Begriff "Altlast"	86
		2. Die Altlastensanierung in den neuen Bundesländern	89
	II. Die Verpflichtung zur Altlastensanierung		90
		1. Zivilrechtliche Sanierungsverpflichtung	90
		2. Öffentlich-rechtliche Sanierungsverpflichtung	92
		a) Spezielle Regelungen	92
		b) Die Immissionsschutzrechtliche Nachsorgeverpflichtung	94

		c) Die ordnungsbehördliche Generalklausel	96
	3.	Ergebnis zu II.	98
III.	Konkretisierung der Sanierungsverpflichtung		99
	1.	Inanspruchnahme durch ordnungsbehördliche Verfügung	100
	2.	Bevorstehende Inanspruchnahme	101
	3.	Fehlende Kenntnis der Ordnungsbehörde	103
		a) Der Standpunkt der Rechtsprechung	103
		b) Der Standpunkt der Finanzverwaltung	106
		c) Rückstellungspflichtige Sanierungsverpflichtung trotz fehlender Kenntnis der Ordnungsbehörde	107
		aa) Vergleich mit zivilrechtlicher Sanierungsverpflichtung	107
		bb) Vergleich mit der Verpflichtung wegen der Verletzung fremder Schutzrechte	108
		d) Wahrscheinlichkeit der Inanspruchnahme aus der Sanierungsverpflichtung	113
	4.	Ergebnis zu III.	118
IV.	Wechselspiel zwischen Rückstellung und Sanierungsverpflichtung		118
V.	Rückstellung oder Teilwertabschreibung		122
	1.	Dauernde Wertminderung	122
	2.	Der Vorrang der Teilwertabschreibung	125

	VI.	Ergebnis zu § 8	128
§ 9		Rückstellungen für Umweltschutzanpassungsverpflichtungen	129
	I.	Rechtliches Entstehen und wirtschaftliche Verursachung der Umweltschutzanpassungsverpflichtung	130
		1. Die Abgrenzungskriterien des Bundesfinanzhofs	132
		2. Das Realisationsprinzip als Abgrenzungskriterium	134
		3. Wirtschaftliche Verursachung vor rechtlichem Entstehen	136
		4. Wirtschaftliche Verursachung nach rechtlichem Entstehen	136
		5. Die Höhe der Rückstellung	141
		6. Die Aktivierung eines Ausgleichspostens	145
		7. Ergebnis zu I.	146
	II.	Die Anpassungsverpflichtung nach der TA-Luft	146
		1. Die wirtschaftliche Verursachung der Anpassungsverpflichtung	149
		2. Das rechtliche Entstehen der Anpassungsverpflichtung	150
	III.	Ergebnis zu § 9	154
§10		Gesamtergebnis und Ausblick	155
Sachregister			157

Abkürzungsverzeichnis

a.A.	anderer Ansicht
a.a.O.	am angegebenen Ort
AbfG	Abfallgesetz (vom 27.8.1986 BGBl. I 1410 mit Änd.)
Abs.	Absatz
AktG	Aktiengesetz (vom 6.9.1965 BGBl. I 1089 mit Änd.)
Aktz.	Aktenzeichen
Alt.	Alternative
Änd.	Änderungen
Anm.	Anmerkung
AO	Abgabenordnung (vom 16.3.1976 BGBl. I 613 mit Änd.)
Art.	Artikel
AtG	Atomgesetz (vom 15.7.1985 BGBl. I 1565 mit Änd.)
Aufl.	Auflage
BB	Betriebs-Berater
BdF	Bundesminister der Finanzen
Beil.	Beilage
BFH	Bundesfinanzhof
BGB	Bürgerliches Gesetzbuch (vom 18.8.1896 RGBl. 195 mit Änd.)
BGBl.	Bundesgesetzblatt
BGH	Bundesgerichtshof
BGHZ	Amtliche Sammlung von Entscheidungen des Bundesgerichtshofs
BImSchG	Bundesimmissionsschutzgesetz (vom 14.5.1990 BGBl. I 880 mit Änd.)
BMF	Bundesfinanzministerium
BStBl.	Bundessteuerblatt
BVerfGE	Amtliche Sammlung von Entscheidungen des Bundesverfassungsgerichts
BVerwG	Bundesverwaltungsgericht
BverwGE	Amtliche Sammlung von Entscheidungen des Bundesverwaltungsgerichts
DB	Der Betrieb
DStJG	Deutsche Steuerjuristische Gesellschaft

DStR	Deutsches Steuerrecht
DStZ	Deutsche Steuerzeitung
DVBl.	Deutsches Verwaltungsblatt
EFG	Entscheidungen der Finanzgerichte
EG BGB	Einführungsgesetz zum BGB (vom 18.8.1896 RGBl. 604 mit Änd.)
EStG	Einkommensteuergesetz (i.d.F. vom 7.9.1990 BGBl. I 1898 mit Änd.)
f.	folgende
ff.	ferner folgende
FGO	Finanzgerichtsordnung (vom 6.10.1965 BGBl. I 1477 mit Änd.)
FN	Fußnote
FR	Finanzrundschau
GBl.	Gesetzblatt der Deutschen Demokratischen Republik
GMBl.	Gemeinsames Ministerialblatt
GoB	Grundsätze odnungsmäßiger Buchführung
GV/GVBl.	Gesetz- und Verordnungsblatt
HAbfAG	Hessisches Abfallwirtschafts- und Altlastengesetz (vom 10.7.1989 GVBl. I 198)
HGB	Handelsgesetzbuch (vom 10.5.1897 RGBl. 219 mit Änd.)
Hrsg.	Herausgeber
i.d.F.	in der Fassung
i.V.m.	in Verbindung mit
JbFfSt.	Jahrbuch der Fachanwälte für Steuerrecht
JuS	Juristische Schulung
JZ	Juristenzeitung
NJW	Neue Juristische Wochenschrift
Nr.	Nummer
NRW/NW	Nordrhein Westfalen
NVwZ	Neue Zeitschrift für Verwaltungsrecht
OBG NW	Ordnungsbehördengesetz Nordrhein-West-

Abkürzungsverzeichnis

OLG	falen (vom 13.5.1980 GV NW S.528 m.Änd.) Oberlandesgericht
OVG	Oberverwaltungsgericht
OVGE	Amtliche Sammlung von Entscheidungen der Oberverwaltungsgerichte
ProdHaftG	Produkthaftungsgesetz (vom 15.12.1989 BGBl. I 2198)
RdiW	Recht der internationalen Wirtschaft
Rdnr.	Randnummer
RFH	Reichsfinanzhof
RGBl.	Reichsgesetzblatt
RStBl.	Reichssteuerblatt
S.	Satz/Seite/Seiten
StbJb.	Steuerberater-Jahrbuch
StBp.	Steuerliche Betriebsprüfung
StEK	Sammlung der Steuererlasse in Karteiform
StGB	Strafgesetzbuch (i.d.F. vom 10.3.1987 BGBl. I 945 mit Änd.)
StuW	Steuer und Wirtschaft
TA	Technische Anleitung
Tz.	Textziffer
UmweltHG	Umwelthaftungsgesetz (vom 10.12.1990 BGBl. I 2634)
URG	Umweltrahmengesetz (vom 29.6.1990 GBl. I 649)
v.	von/vom
VGH	Verwaltungsgerichtshof
vgl.	vergleiche
VR	Verwaltungsrundschau
VwGO	Verwaltungsgerichtsordnung (vom 19.3.1991 BGBl. I 686)
VwVfG	Verwaltungsverfahrensgesetz des Bundes (vom 25.5.1976 BGBl. I 1253 mit Änd.)
WasserHG	Wasserhaushaltsgesetz (vom 23.9.1986 BGBl. I 1529 mit Änd.)
Wpg.	Die Wirtschaftsprüfung

Literaturverzeichnis

Adler, Klaus Düring, Walter Schmaltz, Kurt	Rechnungslegung und Prüfung der Unternehmen 5. Auflage, Stuttgart 1987 (Loseblatt).
Bäcker, Roland	Rückstellungen für die Beseitigung von Altlasten und sonstigen Umweltschäden Betriebs-Berater 1989, Seite 2071.
Bäcker, Roland	Altlastensanierung in der Steuerbilanz Betriebs-Berater 1990, Seite 2225.
Bäcker, Roland	Kontaminationen des Betriebsgrundstücks im Steuer- und Bilanzrecht Deutsche Steuerzeitung 1991, Seite 31.
Bartels, Peter	Öffentlich-rechtliche Umweltschutzverpflichtungen Betriebs-Berater 1991, Seite 2044.
Bartels, Peter	Rückstellungen für öffentlich-rechtliche Umweltschutzverpflichtungen bei Altlastenfällen Betriebs-Berater 1992, Seite 1095.
Bartels, Peter	Bilanzielle Berücksichtigung von Altlastenfällen Die Wirtschaftsprüfung 1992, Seite 74.
Bartke, Günther	Rückstellungen für Bergschäden, Gruben- und Schachtversatz nach aktien- und steuerrechtlichen Grundsätzen Der Betrieb 1978, Beil. Nr.4 zu Heft 8.
Beck'scher	Bilanzkommentar 2. Auflage, München 1990 (zitiert: *Bearbeiter* in ...).

Literaturverzeichnis

Beisse, Heinrich — Zum Verhältnis von Bilanzrecht und Betriebswirtschaftslehre
Steuer und Wirtschaft 1984, Seite 1.

Bippus, Birgit Elsa — Die steuerlichen Auswirkungen von Umweltschäden an Grundstücken im Betriebs- und Privatvermögen
Betriebs-Berater 1993, Seite 407.

Birn, Helmut — Verkehrssicherungspflicht bei der Abfallbeseitigung
Neue Juristische Wochenschrift 1976, Seite 1880.

Böhm, Monika — Kommunale Abfallgebühren und Altlastensanierung
Neue Zeitschrift für Verwaltungsrecht 1990, Seite 340.

Bordewin, Arno — Umweltschutzrückstellungen
Der Betrieb 1992, Seite 1097.

Borstell, Thomas — Aufwandsrückstellungen nach neuem Bilanzrecht
Bergisch-Gladbach/Köln 1988.

Breuer, Rüdiger — "Altlasten" als Bewährungsprobe der polizeilichen Gefahrenabwehr und des Umweltschutzes
Juristische Schulung 1986, Seite 359.

Breuer, Rüdiger — Rechtsprobleme der Altlasten
Neue Zeitschrift für Verwaltungsrecht 1987, Seite 751.

Christiansen, Alfred — Rückstellungen für öffentlich-rechtliche Verpflichtungen
Steuerliche Betriebsprüfung 1987, Seite 193.

Clemm, Hermann	Grenzen der zivilrechtlichen Betrachtungsweise für das Bilanzrecht Jahrbuch der Fachanwälte für Steuerrecht 1979/80, Seite 173.
Crezelius, Georg	Zur Bildung von Rückstellungen für Umweltschutzmaßnahmen Der Betrieb 1992, Seite 1353.
Diederichsen, Uwe	Die Verantwortlichkeit für Altlasten im Zivilrecht Betriebs-Berater 1986, Seite 1723.
Diederichsen, Uwe	Verantwortlichkeit für Altlasten Betriebs-Berater 1988, Seite 917.
Döllerer, Georg	Rechnungslegung nach dem neuen Aktiengesetz und ihre Auswirkungen auf das Steuerrecht Betriebs-Berater 1965, Seite 1405.
Döllerer, Georg	Grundsätzliches zum Begriff der Rückstellungen Deutsches Steuerrecht / Ausgabe A 1975, Seite 291.
Döllerer, Georg	Rückstellungen in der Steuerbilanz Deutsches Steuerrecht 1979, Seite 3.
Döllerer, Georg	Bilanz im Rechtssinne Jahrbuch der Fachanwälte für Steuerrecht 1979/80, Seite 195
Döllerer, Georg	Grundsätze ordnungswidriger Bilanzierung Betriebs-Berater 1982, Seite 777.
Döllerer, Georg	Ansatz und Bewertung von Rückstellungen in der neueren Rechtsprechung des Bundesfinanzhofs Deutsches Steuerrecht 1987, Seite 67.

Döllerer, Georg	Steuerbilanz und Beutesymbol Betriebs-Berater 1988, Seite 238.
Dombert, Matthias Reichert, Ronald	Altlasten in den neuen Bundesländern: Die Freistellungsklausel des Einigungsvertrags Neue Zeitschrift für Verwaltungsrecht 1991, Seite 744.
Dziadkowski, D. Runge, C.	Zur geplanten Normierung von "Aufwandsrückstellungen" in § 250 Abs.1 Nr.1 HGB-Entwurf Die Wirtschaftsprüfung 1984, Seite 544.
Eibelshäuser, Manfred	Rückstellungsbildung nach neuem Handelsrecht Betriebs-Berater 1987, Seite 860.
Eilers, Stephan	Rückstellungen für Altlasten: Umwelthaftungsgesetz und neueste Rechtsentwicklung Deutsches Steuerrecht 1991, Seite 101.
Ekrutt, Joachim W.	Verkehrssicherungspflicht bei der Abfallbeseitigung Neue Juristische Wochenschrift 1976, Seite 885.
Erbguth, Wilfried	Rechtssystematische Grundlagen des Umweltrechts Berlin 1987.
Erbguth, Wilfried	Normkonkretisierende Verwaltungsvorschriften Deutsches Verwaltungsblatt 1989, Seite 473.
Erichsen, Hans-Uwe Martens, Wolfgang	Allgemeines Verwaltungsrecht 8. Auflage, Berlin/New-York 1988.

Literaturverzeichnis

Esser, Klaus	Aufwandsrückstellungen Steuerberater-Jahrbuch 1984/85, Seite 151.
Everling, Ulrich	Umsetzung von Umweltrichtlinien durch normkonkretisierende Verwaltungsanweisungen Recht der internationalen Wirtschaft 1992, Seite 379.
Flanderka, Fritz Winter, Bernhard	Die Rücknahmepflicht von Transportverpackungen nach der Verpackungsverordnung Betriebs-Berater 1992, Seite 149.
Fluck, Jürgen	Rückstellungsbildung für Altlasten und Immmissionsschutzrecht Betriebs-Berater 1991, Seite 176.
Fluck, Jürgen	Die immissionsschutzrechtliche Nachsorgepflicht als neues Instrument zur Verhinderung und Beseitigung von Altlasten Betriebs-Berater 1991, Seite 1797.
Fluck, Jürgen	Ausgewählte Rechtsfragen der Verpackungsverordnung Der Betrieb 1992, Seite 193.
Gail, Winfried	Rechtliche Entstehung und wirtschaftliche Verursachung als Voraussetzung für die Bildung von Rückstellungen in: Albach, Horst / Forster, Karl-Heinz Beiträge zum Bilanzrichtliniengesetz Wiesbaden 1987, Seite 51.
Gail, Winfried	Umweltschutz und Wirtschaftsgut Steuerberater-Jahrbuch 1990/91, Seite 67.

Literaturverzeichnis

Gail, Winfried	Teilnehmer an der Podiumsdiskussion Umweltschutz in Steuerbilanz und Vermögensaufstellung Steuerberater-Jahrbuch 1990/91, Seite 123.
Gerhardt, Michael	Normkonkretisierende Verwaltungsvorschriften Neue Juristische Wochenschrift 1989, Seite 2233.
Groh, Manfred	Zur Bilanztheorie des Bundesfinanzhofs Steuerberater-Jahrbuch 1979/80, Seite 121.
Groh, Manfred	Vor der dynamischen Wende im Bilanzsteuerrecht? Der Betrieb 1989, Seite 1586.
Groh, Manfred	Die wirtschaftliche Betätigung im rechtlichen Sinne Steuer und Wirtschaft 1989, 227.
Günkel, Manfred	Rückstellungen für Umweltschutzverpflichtungen Steuerberater-Jahrbuch 1990/91, Seite 97.
Günkel, Manfred	Teilnehmer an der Podiumsdiskussion Umweltschutz in Steuerbilanz und Vermögensaufstellung Steuerberater-Jahrbuch 1990/91, Seite 123.
Hartung, Werner	Die Sozialplanrückstellung als Beispiel für die Bilanzierung und Bewertung eines Einzelrisikos Betriebs-Berater 1988, Seite 1421.

Herden, Christian	Teilnehmer an der Podiumsdiskussion Umweltschutz in Steuerbilanz und Vermögensaufstellung Steuerberater-Jahrbuch 1990/91, Seite 123.
Herrmann, Carl Heuer, Gerhard Raupach, Arndt	Einkommensteuer- und Körperschaftsteuergesetz mit Nebengesetzen 19. Auflage, Köln 1982 (Loseblatt).
Herzig, Norbert	Rückstellungen wegen öffentlich-rechtlicher Verpflichtungen, insbesondere Umweltschutz Der Betrieb 1990, Seite 1341.
Herzig, Norbert	Rückstellungen als Instrument der Risikovorsorge im Steuerrecht Veröffentlichungen der Deutschen Steuerjuristischen Gesellschaft Band 14: Probleme des Steuerbilanzrechts (Doralt, Werner Hrsg.) Köln 1991, Seite 199 (zitiert: Herzig, DStJG 14 (1991)).
Herzig, Norbert	Konkurrenz von Rückstellungsbildung und Teilwertabschreibung bei Altlastenfällen Die Wirtschaftsprüfung 1991, Seite 610.
Herzig, Norbert	Rückstellungsbildung versus Teilwertabschreibung Die Wirtschaftsprüfung 1992, Seite 83.
Herzig, Norbert Köster, Thomas	Die Rückstellungsrelevanz des neuen Umwelthaftungsgesetzes Der Betrieb 1991, Seite 53.

Literaturverzeichnis

Jarass, Hans-D.	Der rechtliche Stellenwert technischer und wissenschaftlicher Standards Neue Juristische Wochenschrift 1987, Seite 1225.
Jonas, Heinrich	Die in der aktienrechtlichen Handelsbilanz zulässigen Rückstellungen für ungewisse Verbindlichkeiten Der Betrieb 1986, Teil I Seite 337, Teil II Seite 387.
Jonas, Heinrich	Die in der aktienrechtlichen Handelsbilanz zulässigen Rückstellungen für drohende Verluste aus schwebenden Geschäften Der Betrieb 1986, Seite 1733.
Kammann, Evert	Die Bedeutung von Imparitätsprinzip und wirtschaftlicher Betrachtungsweise für die Rückstellungsbildung Deutsches Steuerrecht 1980, 400.
Kampenhausen, Peter Kolvenbach, Dirk Wassermann, Bernd	Die Beseitigung von Umweltschäden in Unternehmen Der Betrieb 1987 Beilage Nr. 3 zu Heft Nr. 8.
Knobbe-Keuk, Brigitte	Bilanz- und Unternehmenssteuerrecht 8. Auflage, Köln 1991.
Knopp, Lothar	Absicherungsstrategien beim Grundstückskauf und betriebsinterne Vorsorge Neue Juristische Wochenschrift 1992, Seite 2657.
Köster, Thomas	Umweltschutz und Vermögensgegenstand Bilanz und Buchhaltung 1991, Seite 261.

Kopp, Ferdinand	Verwaltungsverfahrensgesetz 5. Auflage, München 1991.
Kraus, Stefan	Zum Rückstellungsbegriff des Bilanzrichtliniengesetzes Steuer und Wirtschaft 1988, Seite 133.
Kruse, Heinrich Wilhelm	Ende oder neuer Anfang der wirtschaftlichen Betrachtungsweise? Jahrbuch der Fachanwälte für Steuerrecht 1975/76, Seite 35.
Kruse, Heinrich Wilhelm	Bilanzierungswahlrechte in der Steuerbilanz Steuerberater-Jahrbuch 1976/77, Seite 113.
Kruse, Heinrich Wilhelm	Grundsätze ordnungsmäßiger Buchführung 3. Auflage, Köln 1978 (zitiert: Kruse, GoB³).
Kruse, Heinrich Wilhelm	Lehrbuch des Steuerrechts Band I, Allgemeiner Teil München 1991.
Kühnberger, Manfred Faatz, Ulrich	Zur Bilanzierung von Altlasten Betriebs-Berater 1993, Seite 98.
Küting, Karlheinz Weber, Claus-Peter	Handbuch der Rechnungslegung 3. Auflage, Stuttgart 1990 (zitiert: *Bearbeiter* in Küting/Weber).
Landsberg, Gerd Lülling, Wilhelm	Umwelthaftungsgesetz Köln 1991.
Larenz, Karl	Methodenlehre der Rechtswissenschaft 6. Auflage, Berlin, Heidelberg, New-York 1991.

Literaturverzeichnis

Larenz, Karl	Lehrbuch des Schuldrechts Band II, Besonderer Teil 12. Auflage, München 1981.
Leinemann, Ralf	Altlastenhaftung und Vertragsgestaltung im Zivilrecht Verwaltungsrundschau 1990, Seite 336.
Lempenau, Gerhard	Leiter der Podiumsdiskussion Umweltschutz in Steuerbilanz und Vermögensaufstellung Steuerberater-Jahrbuch 1990/91, Seite 123.
Littmann, Eberhard Bitz, Horst Meincke, Peter	Das Einkommensteuerrecht 15. Auflage, Stuttgart 1989 (Loseblatt) (zitiert: *Bearbeiter* in ...).
Limbach, Dorothea P.	Die steuerliche Förderung des Umweltschutzes Sonderveröffentlichung des Betriebs-Beraters, Heidelberg 1991.
Ludewig, Rainer	Der Rückstellungsbegriff des § 249 Abs. 1 Satz 1 HGB und seine steuerlichen Auswirkungen Der Betrieb 1988, Seite 765.
Luig, Heinrich	Rückstellungen für Altlastensanierung Betriebs-Berater 1992, Seite 2180.
Mathiak, Walter	Zum Bilanzsteuerrecht Steuer und Wirtschaft 1988, Seite 291.
Maunz, Theodor Dürig, Günther u.a.	Kommentar zum Grundgesetz München 1983 ff. (Loseblatt) (zitiert: *Bearbeiter* in ...).
Maurer, Hartmut	Allgemeines Verwaltungsrecht 8. Auflage, München 1992.

Mayer-Wegelin, Eberhard	Rückstellungen in der Handels- und Steuerbilanz Deutsche Steuerzeitschrift Ausgabe A 1980, Seite 265.
Medicus, Dieter	Zivilrecht und Umweltschutz Juristen Zeitung 1986, Seite 778.
Michael, Gerhard Thull, Rüdiger	Die Verantwortlichkeit für DDR-Altlasten beim Erwerb von Altanlagen Betriebs-Berater 1990, Beilage Nr.30 zu Heft Nr.24.
Moxter, Adolf	Das Realisationsprinzip - 1884 und heute Betriebs-Berater 1984, Seite 1780.
Moxter, Adolf	Zum neuen Bilanzrechtsentwurf Betriebs-Berater 1985, Seite 1101.
Moxter, Adolf	Bilanzrechtsprechung 2. Auflage, Tübingen 1985.
Moxter, Adolf	Periodengerechte Gewinnermittlung und Bilanz im Rechtssinne Festschrift für Georg Döllerer Düsseldorf 1988, Seite 447 (zitiert: Moxter, Festschrift Döllerer).
Moxter, Adolf	Zur wirtschaftlichen Betrachtungsweise im Bilanzsteuerrecht Steuer und Wirtschaft 1989, Seite 232.
Moxter, Adolf	Zum Passivierungszeitpunkt von Umweltschutzrückstellungen Festschrift für Karl-Heinz Forster Düsseldorf 1992, Seite 427 (zitiert: Moxter, Festschrift Forster).

Literaturverzeichnis

von Münch, Ingo	Besonderes Verwaltungsrecht 8. Auflage, Berlin/New-York 1988 (zitiert: von Münch/*Bearbeiter*)
Münchener Kommentar	Münchener Kommentar zum Bürgerlichen Gesetzbuch 2. Auflage, München 1986 (zitiert: MüKo/*Bearbeiter*).
Naumann, Klaus-Peter	Die Bewertung von Rückstellungen Düsseldorf 1989, zugleich Dissertation Münster 1988.
Naumann, Klaus Peter	Rechtliches Entstehen und wirtschaftliche Verursachung als Voraussetzung der Rückstellungsbilanzierung Die Wirtschaftsprüfung 1991, Seite 529.
Oerder, Michael	Altlasten in der anwaltlichen Praxis Deutsches Verwaltungsblatt 1992, Seite 691.
Palandt	Bürgerliches Gesetzbuch 52. Auflage, München 1993 (zitiert: Palandt/*Bearbeiter*).
Reinhard, Herbert	Die Bildung von Rückstellungen für die Kosten der Stillegung und Beseitigung von Kernkraftwerken Energiewirtschaftliche Tagesfragen 1982, Seite 657.
Rürup, Lebrecht	Rückstellungen für die Verpflichtungen aus Umwelthaftung Festschrift für Karl-Heinz Forster Düsseldorf 1992, Seite 519 (zitiert: Rürup, Festschrift Forster).

Schlemminger, Horst	Die Gestaltung von Grundstückskaufverträgen bei festgestellten Altlasten oder Altlastenverdacht Betriebs-Berater 1991, Seite 1433.
Schmalenbach, Eugen	Dynamische Bilanz 13. Auflage, Köln 1962.
Schmidt, Ludwig	Anmerkungen zu BFH vom 23.11.1983 Finanzrundschau 1984, Seite 150.
Schmidt, Ludwig	Das Einkommensteuergesetz 11. Auflage, München 1992 (zitiert: Schmidt[*Bearbeiter*]).
Schülen, Werner	Entwicklungstendenzen bei der Bildung von Rückstellungen Die Wirtschaftsprüfung 1983, 658.
Schulze-Osterloh, Joachim	Herstellungskosten in der Handels- und Steuerbilanz Steuer und Wirtschaft 1989, Seite 242.
Schwachheim, Jürgen-F.	Unternehmenshaftung für Altlasten Köln/Berlin/Bonn/München 1991.
Siegel, Theodor	Instandhaltungsrückstellungen als Anwendungsbereich von "Grundsätzen ordnungswidriger Bilanzierung" Die Wirtschaftsprüfung 1985, Seite 14.
Steffen, Erich	Verschuldenshaftung und Gefährdungshaftung für Umweltschäden Neue Juristische Wochenschrift 1990, Seite 1817.
Stelkens, Paul Bonk, Heinz-Joachim Leonhardt, Klaus	Verwaltungsverfahrensgesetz 3. Auflage, München 1990.

Stephan, Rudolf	Teilnehmer an der Podiumsdiskussion Umweltschutz in Steuerbilanz und Vermögensaufstellung Steuerberater-Jahrbuch 1990/91, Seite 123.
Stöckel, Reinhard	Belastung von Grundstücken mit "Altlasten" Deutsche Steuerzeitung 1991, 109.
Tettinger, Peter	Besonderes Verwaltungsrecht 2. Auflage, Heidelberg 1990.
Tipke, Klaus Kruse, Heinrich-Wilhelm	Abgabenordnung/Finanzgerichtsordnung 14. Auflage, Köln 1991 (Loseblatt) (zitiert: *Bearbeiter* in ...).
Tipke, Klaus Lang, Joachim	Steuerrecht 13. Auflage, Köln 1991.
Weber, Alfred	Teilnehmer an der Podiumsdiskussion Umweltschutz in Steuerbilanz und Vermögensaufstellung Steuerberater-Jahrbuch 1990/91, Seite 123.
Weber, Christine	Die Haftung für Deponien und deren versicherungsrechtliche Deckung Dissertation Köln 1988.
Wilhelm, Sighard	Keine Rückstellung wegen unterlassener Instandhaltung in der Steuerbilanz Steuer und Wirtschaft 1990, Seite 64.

1. Abschnitt:

Rückstellungen für Umweltverbindlichkeiten im Rahmen der bestehenden Rückstellungsregelung

§ 1 Umweltschutzrückstellungen als Bilanzrechtsproblem

Unter den Rückstellungen für ungewisse Verbindlichkeiten geraten in letzter Zeit diejenigen für Umweltverbindlichkeiten in den bilanzrechtlichen Vordergrund.

Das liegt an der Vielzahl neuer zivil- und öffentlich-rechtlicher Umweltschutzverpflichtungen, die in den letzten Jahren auf Grund der gestiegenen Umweltbelastungen und des gesteigerten öffentlichen Interesses am Umweltschutz entstanden sind. Das große Interesse an Umweltschutzrückstellungen ist aber auch eine Folge der hohen Kosten, die der Umweltschutz mit sich bringt.

I. Wirtschaftliche Bedeutung von Umweltschutzrückstellungen

Rückstellungen, also auch Umweltschutzrückstellungen, mindern den Gewinn des Kaufmanns in voller Höhe und haben somit direkte Auswirkungen auf die Gewinnermittlung und auf die Besteuerung eines Unternehmens. Der Kaufmann darf die Rückstellung gewinnerhöhend auflösen, wenn der Grund für ihre Bildung wegfällt (§ 249 Abs.3 S.2 HGB). Er muß dies tun, wenn mit einer Inanspruchnahme nicht mehr zu rechnen ist.[1]

---

[1] *Clemm/Nonnenmacher* in Beck'scher Bilanzkommentar², § 249 HGB Rdnr.28,30.

Rückstellungen haben eine steuerstundende Wirkung. Sie können sich auch steuerbegünstigend auswirken, wenn die Steuerschuld auf Grund der niedrigen Steuerprogression im Jahre der Auflösung geringer ausfällt. Ertragstarken Unternehmen kommt es deshalb möglicherweise darauf an, mit Hilfe von Rückstellungen den Gewinn des abgelaufenen Wirtschaftsjahres zu mindern, während die Finanzverwaltung eher ein Interesse an der gewinnerhöhenden Auflösung statt an der gewinnmindernden Bildung von Rückstellungen hat.[2]

Der Kaufmann hat auch deshalb ein Interesse an neuen Rückstellungstatbeständen, weil er durch die Bildung neuer Rückstellungen die gewinnerhöhende Auflösung früherer Rückstellungen ausgleichen kann.

Insofern spielen die relativ neuen Umweltverbindlichkeiten eine große Rolle. Berücksichtigt man den erheblichen finanziellen Umfang von Umweltschutzmaßnahmen, kann es deshalb mit *Moxter*[3] auch nicht überraschen, daß die "äußerst gewichtigen" Umweltschutzrückstellungen besonders heftig umkämpft sind.

II. Bilanzrechtliche Fragen

Der Interessenkonflikt zwischen ertragstarken Unternehmen auf der einen, und der Finanzverwaltung auf der anderen Seite, ist ergebnisorientiert und muß von der Frage nach den Voraussetzungen für Umweltschutzrückstellungen deutlich getrennt werden.[4] Im Vordergrund steht die Frage, warum und unter welchen Voraussetzungen der Kaufmann für ungewisse Umweltverbindlichkeiten eine

---

[2] *Crezelius* DB 1992, 1353.
[3] Festschrift Forster, 427 (429).
[4] *Crezelius* DB 1992, 1353.

Rückstellung bilden muß, nicht aber die Frage nach den Auswirkungen von Umweltschutzrückstellungen auf die Gewinnermittlung.

Im Zusammenhang mit Umweltschutzrückstellungen treten im Bilanzrecht insgesamt drei ineinander verschachtelte Fragen auf:

Erstens: Zu welchem Zeitpunkt und unter welchen Voraussetzungen muß der Kaufmann eine Rückstellung für Umweltverbindlichkeiten bilden?

Zweitens: Ist für den Passivierungszeitpunkt das "rechtliche Entstehen" der Verbindlichkeit oder deren "wirtschaftliche Verursachung" maßgeblich?

Drittens: Handelt es sich dabei um kumultative[5] oder alternative[6] Rückstellungsvoraussetzungen?

Diese drei Fragen stellen sich bei allen Umweltverbindlichkeiten, unabhängig von ihrem Entstehungsgrund. Dennoch liegt der Schwerpunkt bei den Rückstellungen für öffentlich-rechtliche Umweltverbindlichkeiten, weil das Umweltschutzrecht zum größten Teil öffentlich-rechtlicher Natur ist und die Rechtsprechung an Rückstellungen für öffentlich-rechtliche Verbindlichkeiten besondere Voraussetzungen knüpft.

---

[5] *Herzig/Köster* DB 1991, 53 (56):"zweites Tatbestandsmerkmal".
[6] BFH BStBl. 1987 II, 848; BStBl. 1992 II, 336 (337): "wenigstens wirtschaftlich verursacht".

§ 2 Handels- und steuerrechtliche Rückstellungsregelungen

Rückstellungen für Umweltverbindlichkeiten stellen keinen eigenen Rückstellungstypus dar. Ihre Zulässigkeit ergibt sich aus den bereits bestehenden handels- und steuerrechtlichen Rückstellungsregeln.

I. Handelsrechtliche Rückstellungsregelung im Lichte unterschiedlicher Bilanzauffassungen

Rückstellungen waren schon immer Gegenstand heftiger Diskussionen, weil sie wie keine andere Bilanzposition "gleich einem Brennglas" alle bilanztheoretischen Strömungen in sich aufnehmen.[7]

Gegenstand der Diskussion ist seit jeher der Passivierungszeitpunkt für Verbindlichkeitsrückstellungen und die Zulässigkeit von Aufwandsrückstellungen. Bei Umweltschutzrückstellungen ist zwischen den Vertretern unterschiedlicher Bilanzauffassungen umstritten, zu welchem Zeitpunkt die Umweltverbindlichkeit hinreichend konkret ist und in welchem Verhältnis die "wirtschaftliche Verursachung" und die "rechtliche Entstehung" einer Umweltverbindlichkeit zueinander stehen.

1. Statischer Rückstellungsbegriff

Nach statischer Bilanzauffassung verschafft die Bilanz dem Kaufmann und jedem außenstehenden Dritten einen Überblick über die Vermögenslage zum Bilanzstichtag.[8] Grundlage der Gewinnermitt-

---

[7] *Groh* BB 1989, 1586 (1587); *Jonas* DB 1986, 337.
[8] *Knobbe-Keuk*, Bilanz- und Unternehmenssteuerrecht⁸, S.13.

lung ist die "Bilanz im Rechtssinne", die im Gegensatz zu internen betriebswirtschaftlichen Bilanzen steht.[9]

Auf der Passivseite der Bilanz soll der Kaufmann seine Schulden und sein Eigenkapital richtig und vollständig darstellen. Dazu gehört aber auch die Berücksichtigung solcher Verbindlichkeiten, deren Bestehen oder deren Höhe zum Bilanzstichtag noch nicht genau feststeht, so daß sie noch nicht als bestehende Verbindlichkeiten gebucht werden können.

Die vollständige Erfassung dieser Verbindlichkeiten ist Aufgabe der Rückstellungen.[10] Sie sind ein Instrument vorsichtiger Bilanzierung und dienen letztlich dem Gläubigerschutz. Dabei sind aber nur solche Verbindlichkeiten rückstellungsfähig, die einem Dritten gegenüber bestehen, nicht solche des Kaufmanns "gegen sich selbst".[11]

Nach dieser Auffassung darf der Kaufmann Umweltschutzrückstellungen nur dann bilden, wenn er einem Dritten oder dem Staat[12] gegenüber verpflichtet ist, eine Umweltschutzmaßnahme durchzuführen, nicht aber für lediglich freiwillig oder nur innerbetrieblich veranlaßte Umweltschutzmaßnahmen. Die Umweltverbindlichkeit muß zum Bilanzstichtag hinreichend konkret und entweder rechtlich entstanden oder wirtschaftlich verursacht sein.

---

[9] *Knobbe-Keuk*, Bilanz- und Unternehmenssteuerrecht⁸, S.15.
[10] *Knobbe-Keuk*, Bilanz- und Unternehmenssteuerrecht⁸, S.101.
[11] BFH BStBl. 1972 II, 392 (396).
[12] Bei öffentlich-rechtlichen Umweltschutzverpflichtungen.

2. Dynamischer Rückstellungsbegriff

Die Vertreter der dynamischen Bilanzauffassung sehen den Zweck der Bilanz in der periodengerechten Ermittlung des Gewinns.[13] Im Vordergrund steht die Vergleichbarkeit der Erfolgsermittlung durch Zuordnung von Aufwand und Ertrag.[14] Die Bilanz soll dem Kaufmann darüber Aufschluß geben, aus welchen Kräften des Unternehmens letzlich der Erfolg herrührt. Allein diesen Erfolg gilt es zu messen.[15]

Der Rückstellungsbegriff wird nach dieser Auffassung weiter gefaßt als nach statischem Bilanzverständnis. Danach sind auch solche Verpflichtungen rückstellungsfähig, die auf Grund betriebswirtschaftlicher Überlegungen nur innerhalb des Unternehmens bestehen, z.b. die Verpflichtung zu regelmäßigen Wartungen oder Reparaturen.[16] Da Rückstellungen nach dynamischer Bilanzauffassung den Aufwand periodengerecht verteilen sollen,[17] muß der Kaufmann sie für alle Aufwendungen bilden, die zwar ihren wirtschaftlichen Grund in dem abgelaufenen Geschäftsjahr haben, jedoch erst in späteren Jahren zu Ausgaben oder zu verminderten Einnahmen führen.[18]

Nach dieser Auffassung darf der Kaufmann für alle Aufwendungen, die zukünftige Umweltschutzmaßnahmen betreffen, Rückstellungen bilden, vorausgesetzt, sie haben ihren wirtschaftlichen Grund im ab-

---

[13] *Knobbe-Keuk*, Bilanz- und Unternehmenssteuerrecht⁸, S.14.
[14] *Adler/Düring/Schmaltz*, Rechnungslegung und Prüfung der Unternehmen⁵, § 249 HGB Rdnr.22.
[15] *Schmalenbach*, Dynamische Bilanz¹³, S.49.
[16] *Adler/Düring/Schmaltz*, Rechnungslegung und Prüfung von Unternehmen⁵, § 249 HGB Rdnr.22.
[17] *Knobbe-Keuk*, Bilanz- und Unternehmenssteuerrecht⁸, S.102.
[18] *Naumann*, Die Bewertung von Rückstellungen, S.26 f.

gelaufenen Wirtschaftsjahr. Aufwandsrückstellungen für Umweltschutzaufwendungen bildet der Kaufmann danach unabhängig von der Frage, ob er zum Bilanzstichtag einem Dritten gegenüber verpflichtet ist, die Maßnahmen durchzuführen. Voraussetzung für eine Verbindlichkeitsrückstellung ist eine wirtschaftlich verursachte Umweltverbindlichkeit.

3. Die Entwicklung bis zum heutigen Rückstellungsbegriff

Während die dynamische Bilanzauffassung auch Aufwandsrückstellungen in der Bilanz berücksichtigt wissen will, kommen nach statischer Auffassung nur Verbindlichkeitsrückstellungen in Betracht. Oftmals ist bei Umweltverbindlichkeiten fraglich, ob sie bereits so konkret sind, daß der Kaufmann sie als betriebliche Schuld mit Hilfe einer Verbindlichkeitsrückstellung berücksichtigen muß. An Aufwandsrückstellungen sind erheblich geringere Voraussetzungen geknüpft. Umweltschutzschutzrückstellungen befinden sich also an der Nahtstelle zwischen Aufwand- und Verbindlichkeitsrückstellungen.[19] Damit stehen Umweltschutzrückstellungen aber auch an der Nahtstelle zwischen der dynamischen und der statischen Bilanzauffassung.

Das Handelsgesetzbuch von 1897[20] kannte den Begriff "Rückstellung" noch nicht. Der vergleichbare Begriff "Reservefonds" (§ 261 Nr.5 HGB 1897) unterschied nicht zwischen Rückstellungen und Rücklagen nach heutigem Verständnis.

Es bedurfte einer Interpretation durch das Steuerrecht, das früh zwischen Rücklagen und Rückstellungen zu differenzieren wußte. Die Steuerrechtler erkannten, daß die Bildung von Rückstellungen die

---

[19] *Herzig* DB 1990, 1341; *Günkel* StbJb. 1990/91, 97 (101).
[20] Vom 10.5.1897 RGBl. S.219.

Gewinn*ermittlung* betrifft, während es bei der Bildung von Rücklagen um die Frage der Gewinn*verwendung* geht.[21] Nach einem Urteil des Reichsfinanzhofs vom 17.12.1929[22] stellen Rücklagen die Vorsorge für künftige Ausgaben dar, während Rückstellungen die am Bilanzstichtag bestehende, ihrer Höhe nach jedoch ungewisse Schuld erfassen.

Damit wurde das Merkmal der ungewissen Schuld das entscheidende Abgrenzungskriterium zwischen Rückstellungen und Rücklage. Eine gesetzliche Grundlage fand diese Auffassung jedoch erst im Aktiengesetz von 1937[23], das in seinem § 131 Abs.1 B IV erstmals den Begriff "Rückstellungen für ungewisse Schulden" verwandte.[24] Diese Formulierung betonte vor allem den Schuldcharakter der Rückstellungen und schloß Aufwandsrückstellungen im Sinne der dynamischen Bilanzauffassung aus.[25]

Die gesetzliche Regelung war für die Vertreter der dynamischen Bilanzauffassung unbefriedigend.[26] Sie ersetzten die Rückstellungen für ungewisse Schulden durch die bewertungs- und rückstellungsfähige Last.[27] Diese dynamische Bilanzauffassung blieb nicht ohne Einfluß auf die Steuerrechtsprechung und hat dort, im Gegensatz zum Handelsbilanzrecht, zeitweise eine gewichtige Rolle gespielt.[28] Anfang der sechziger Jahre war der Bundesfinanzhof schließlich der Auffassung, die Grundsätze der dynamischen Bilanz dürften nicht überspannt werden.[29]

---

[21] *Döllerer* DStR 1979, 3.
[22] RStBl. 1930, 95.
[23] Vom 30.1.1937 RGBl.I S.107, 588, 1140.
[24] *Döllerer* DStR 1979, 3.
[25] *Knobbe-Keuk*, Bilanz- und Unternehmenssteuerrecht^8, S.102.
[26] *Ludewig* DB 1988, 765.
[27] *Döllerer* DStR 1979, 3.
[28] *Herrmann/Heuer/Raupach*, EStG, § 5 Rdnr.60r(14); *Knobbe-Keuk*, Bilanz- und Unternehmenssteuerrecht^8, S.16.
[29] BFH BStBl. 1960 III, 48; *Kruse* JbFfSt. 1978/79, 172 (173)

Das Aktiengesetz 1965[30] hat dem dynamischen Rückstellungsbegriff eine Absage erteilt,[31] indem es Rückstellungen nur für "ungewisse Verbindlichkeiten" sowie für "drohende Verluste aus schwebenden Geschäften" zuließ (§ 152 Abs.7 S.1 AktG 1965). Der Rückstellungsbegriff des Aktiengesetzes von 1965 ist damit enger als der des Aktiengesetzes von 1937.[32] Rückstellungen kommen seither nicht mehr als Instrument der bloßen Aufwandsabgrenzung in Betracht.[33]

Einen Restbestand dynamischen Rückstellungsverständnisses stellten jedoch die Rückstellungen für unterlassene Instandhaltung und Abraumbeseitigung dar (§ 152 Abs.7 S.2 Nr.1 AktG 1965).[34] Der Bundesfinanzhof hatte zwar zunächst solche Rückstellungen in der Steuerbilanz zugelassen,[35] später jedoch klargestellt, daß das Steuerrecht nicht an das diesbezügliche handelsrechtliche Passivierungswahlrecht gebunden sei[36] und schließlich diese Aufwandsrückstellung in der Steuerbilanz für unzulässig erklärt.[37]

Der gegenwärtige handelsrechtliche Rückstellungsbegriff wird bestimmt durch die Gesetzeslage nach dem Bilanzrichtlinien-Gesetz.[38] Maßgeblich ist jetzt § 249 HGB, der fast wörtlich mit § 152 Abs.7 AktG 1965 übereinstimmt. § 249 HGB unterscheidet sich jedoch von § 152 Abs.7 AktG 1965, indem er die Bildung von Auf-

---

[30] Vom 6.9.1965 BGBl. I S.1089.
[31] Döllerer DStR 1979, 3.
[32] *Adler/Düring/Schmaltz*, Rechnungslegung und Prüfung von Aktiengesellschaften⁴, § 152 AktG Rdnr.102.
[33] *Ludewig* DB 1988, 765 (766).
[34] *Döllerer* DStR 1979, 3.
[35] BFH BStBl. 1951 III, 211; BStBl. 1955 III, 172.
[36] BFH BStBl. 1975 II, 535; a.A. *Kruse* StbJb. 1976/77, 113 (123), der diesbezüglich einen Handelsbrauch vermutet, der über die Grundsätze ordnungsmäßiger Buchführung auch für das Steuerrecht maßgeblich sei.
[37] BFH BStBl. 1984 II, 277.
[38] Vom 19.12.1985 BGBl. I S.2355.

wandsrückstellungen für das Handelsrecht in Ausnahmefällen zuläßt (§ 249 Abs.2 HGB).[39] Für Rückstellungen für im Geschäftsjahr unterlassene Aufwendungen für Instandhaltung bzw. Abraumbeseitigungen (§ 249 Abs.1 S.2 Nr.1 HGB) besteht nunmehr - in Abweichung von § 152 Abs.7 AktG 1965 - eine Passivierungspflicht.

II. Rückstellungen in der Steuerbilanz

Für das Steuerrecht ist eine rechtliche Betrachtung maßgeblich.[40] Nur sie gewährleistet eine objektive und gleichmäßige Gewinnermittlung. Die betriebswirtschaftlich geprägte dynamische Bilanzauffassung findet im Steuerrecht nur dann Berücksichtigung, soweit sie im Gesetz ihren Niederschlag gefunden hat.[41]

1. Maßgeblichkeit der handelsrechtlichen Rückstellungsregelung

Gewerbetreibende haben in der Steuerbilanz das Betriebsvermögen anzusetzen, das nach den handelsrechtlichen Grundsätzen ordnungsmäßiger Buchführung auszuweisen ist (§ 5 Abs.1 EStG).

Die handelsrechtlichen Grundsätze ordnungsmäßiger Buchführung gelten für die Steuerpflichtigen, die entweder nach Handelsrecht (§ 238 Abs.1 S.1 HGB i.V.m. § 140 AO) oder nach den Vorschriften der Abgabenordnung (§ 238 Abs.1 S.1 HGB i.V.m. § 141 Abs.1 S.2 AO) zur Buchführung verpflichtet sind.[42]

---

[39] Dazu *Borstell*, Aufwandsrückstellungen nach neuem Bilanzrecht, S.64.
[40] *Knobbe-Keuk*, Bilanz- und Unternehmenssteuerrecht[8], S.16.
[41] *Knobbe-Keuk*, Bilanz- und Unternehmenssteuerrecht[8], S.16.
[42] *Kruse* in *Tipke/Kruse*, AO/FGO[14], § 145 Tz.3.

Anders als freiwillig buchführende Gewerbetreibende, ermitteln freiwillig bilanzierende Selbständige, sowie Land- und Forstwirte ihren Gewinn nicht nach § 5 Abs.1 EStG, sondern nach § 4 Abs.1 EStG. Für den Betriebsvermögensvergleich nach § 4 Abs.1 EStG gelten die handelsrechtlichen Grundsätze ordnungsmäßiger Buchführung nicht unmittelbar.[43] § 145 AO schließt aber die Lücke und stellt an die Buchführung der nach § 4 Abs.1 EStG den Gewinn ermittelnden Steuerpflichtigen die gleichen Anforderungen, die auch nach den handelsrechtlichen Grundsätzen ordnungsmäßiger Buchführung zu stellen sind, ohne direkt auf diese Grundsätze zu verweisen.[44]

Vor Inkrafttreten des Bilanzrichtliniengesetzes[45] galt § 152 Abs.7 AktG 1965 als ein für alle Kaufleute verbindlicher Grundsatz ordnungsmäßiger Buchführung.[46] Soweit § 249 HGB eine dem § 152 Abs.7 AktG 1965 identische Regelung enthält, sind alle Kaufleute verpflichtet, entsprechend § 249 HGB zu bilanzieren.

Dies gilt für Rückstellungen für ungewisse Verbindlichkeiten und für Rückstellungen für drohende Verluste aus schwebenden Geschäften (§ 249 Abs.1 S.1 HGB), weil diesbezüglich der Wortlaut des § 152 Abs.7 AktG 1965 mit dem des § 249 Abs.1 S.1 HGB übereinstimmt.

Für Rückstellungen wegen Gewährleistungen, die ohne eine rechtliche Verpflichtung erbracht werden (§ 249 Abs.1 S.2 Nr.2 HGB), be-

---

[43] Das ergibt der Umkehrschluß aus § 5 Abs.1 S.1 EStG. Es hätte sonst des speziellen Verweises nicht bedurft (*Kruse* in *Tipke/Kruse*, AO/FGO[14], § 145 Tz.3; *Schmidt*, EStG[11], § 5 Anm.2; a.A. *Nieland* in *Littmann/Bitz/Meincke*, Das Einkommensteuerrecht[15], §§ 4,5 Rdnr.5).
[44] *Kruse* in *Tipke/Kruse*, AO/FGO[14], § 145 Tz.3.
[45] Vom 19.12.1985 BGBl. I S.2355.
[46] *Clemm/Nonnenmacher* in Beck'scher Bilanzkommentar[2], § 249 HGB Rdnr.15; *Borstell*, Aufwandsrückstellungen nach neuem Bilanzrecht, S.22.

stand trotz der Formulierung des § 152 Abs.7 S.2 Nr.2 AktG 1965 ("dürfen") unter dem Gesichtspunkt des vollständigen Schuldenausweises eine Passivierungspflicht nach den Grundsätzen ordnungsmäßiger Buchführung.[47] Die nun im Wortlaut verankerte Passivierungspflicht (§ 249 Abs.1 S.2 HGB "sind...zu bilden") ist insofern nur deklaratorisch.

Das gleiche gilt für Rückstellungen für unterlassene Abraumbeseitigung (§ 249 Abs.1 S.2 Nr.1 2.Alt. HGB). Dort bestand bereits früher eher ein Handelsbrauch der Passivierungspflicht als des Passivierungswahlrechts.[48] Soweit die Abraumbeseitigung auf Grund einer öffentlich-rechtlichen Verpflichtung beruht, handelt es sich um einen Unterfall der Rückstellungen für ungewisse Verbindlichkeiten (§ 249 Abs.1 S.1 HGB).[49] Sofern der Kaufmann diese Rückstellung ohne eine entsprechende Verpflichtung bildet, kommt nur eine Aufwandsrückstellung in Betracht.

2. Aufwandsrückstellungen

Weil es oftmals an einer konkreten Verpflichtung zu Umweltschutzmaßnahmen fehlt, befinden sich Rückstellungen für Umweltverbindlichkeiten im Grenzbereich zwischen den steuerlich nur beschränkt rückstellungsfähigen Aufwands- und den voll zu berücksichtigenden Verbindlichkeitsrückstellungen.[50]

§ 249 Abs.2 HGB erlaubt dem Kaufmann eine Berücksichtigung künftiger Ausgaben als Aufwand des Geschäftsjahres, ohne daß

---

[47] *Knobbe-Keuk*, Bilanz- und Unternehmenssteuerrecht[8], S.103 und 4.Aufl. S.74; *Moxter* BB 1985, 1101 (1102).
[48] *Kruse* StbJb. 1976/77, 113 (123).
[49] *Clemm/Nonnenmacher* in Beck'scher Bilanzkommentar[2], § 249 HGB Rdnr.100 "Abraumbeseitigung"; *Adler/Düring/Schmaltz*, Rechnungslegung und Prüfung der Unternehmen[5], § 249 HGB Rdnr.122.
[50] *Günkel* StbJb. 1990/91, 97 (101); *Herzig* DB 1990, 1341.

zum Bilanzstichtag eine konkrete Verpflichtung gegenüber einem Dritten bestehen muß. Für diese Aufwandsrückstellungen besteht lediglich ein handelsrechtliches Passivierungswahlrecht, so daß der Kaufmann sie nicht in seiner Steuerbilanz bilden darf.[51]

Anders verhält es sich mit Aufwandsrückstellungen für unterlassene Instandhaltung oder Abraumbeseitigung, die der Kaufmann im abgelaufenen Geschäftsjahr unterlassen hat und in drei Monaten nach dem Bilanzstichtag nachholt (§ 249 Abs.1 S.2 Nr.1 HGB).

Wie für Rückstellungen wegen Gewährleistungsverpflichtungen (§ 152 Abs.7 S.2 Nr.2 AktG 1965) bestand auch für Rückstellungen für unterlassene Aufwendungen für Instandhaltung und Abraumbeseitigung bis zum Inkrafttreten des Bilanzrichtliniengesetzes[52] ein handelsrechtliches Passivierungswahlrecht (§ 152 Abs.7 S.2 Nr.1 AktG 1965). Dennoch erkannte die Finanzverwaltung Rückstellungen für unterlassenen Instandhaltungsaufwand in der Steuerbilanz in Hinblick auf die zum Zeitpunkt des Urteils anstehende Neuregelung durch das Bilanzrichtliniengesetz an.[53]

Nach Einführung der Passivierungspflicht für Rückstellungen für Instandhaltung und Abraumbeseitigung (§ 249 Abs.1 S.2 HGB "sind...zu bilden"), ist auch deren steuerrechtliche Anerkennung gesichert.[54] Dies entspricht auch der erklärten Absicht des Ge-

---

[51] BFH BStBl. 1969 II, 291; a.A. *Kruse* StbJb. 1976/77, 113 (125): Was in der Handelsbilanz angesetzt werden darf, darf auch in der Steuerbilanz angesetzt werden, solange es sich um einen Grundsatz ordnungsmäßiger Buchführung handelt.
[52] Vom 19.12.1985 BGBl. I S.2355
[53] Nichtanwendungserlaß des BdF vom 11.4.1984 IV-B2-S.2137-25/84 BStBl. 1984 I, 261.
[54] *Schmidt*, EStG^{11}, § 5 Anm. 46; *Clemm/Nonnenmacher* in Beck'scher Bilanzkommentar^2, § 249 HGB Rdnr. 17 f; a.A. *Nieland* in *Littmann/Bitz/Meincke*, Das Einkommensteuerrecht^{15}, §§ 4,5 Rdnr.329; *Schulze-Osterloh* StuW 1989, 242 (248); *Dziadkowski/Runge* Wpg. 1984, 544 (547).

setzgebers.[55] Auch wenn darin lediglich eine steuerrechtliche Rücksichtnahme mit Ausnahmecharakter liegt.[56]

Soweit eine Umweltverbindlichkeit die unterlassene Instandhaltung oder Abraumbeseitigung betrifft, die der Kaufmann im abgelaufenen Geschäftsjahr unterlassen hat und innerhalb von drei Monaten nach dem Bilanzstichtag nachholt, ist der Kaufmann verpflichtet, eine entsprechende Aufwandsrückstellung zu bilden. Im übrigen sind Aufwandsrückstellungen für Umweltschutzverpflichtungen in der Steuerbilanz unzulässig.

3. Spezielle steuerrechtliche Rückstellungstatbestände

Der Kaufmann ist an die handelsrechtlichen Rückstellungsregelungen nur insoweit gebunden, als keine steuerrechtliche Sondervorschriften entgegenstehen.

Das Einkommensteuerrecht enthält Sonderregelungen zur Bildung von Rückstellungen für zukünftige Jubiläumszuwendungen (§ 5 Abs.4 EStG), wegen der Verletzung fremder Schutzrechte (§ 5 Abs.3 EStG) sowie für Pensionsverpflichtungen (§ 6a EStG).

Die speziellen Rückstellungen betreffen also nicht die Rückstellungen für Umweltverbindlichkeiten. Einen gesonderten Rückstellungstatbestand für Umweltschutzrückstellungen gibt es nicht.

---

[55] Bundestags-Drucksache 10/317 S.83; *Mayer-Wegelin* in *Küting/Weber*, Handbuch der Rechnungslegung³, § 249 HGB Rdnr. 50; *Naumann*, Die Bewertung von Rückstellungen, S.122.
[56] *Knobbe-Keuk*, Bilanz- und Unternehmenssteuerrecht⁸, S.103; *Schmidt* FR 1984, 150; *Döllerer* DStR 1987, 67 (72).

III. Ergebnis zu § 2

Rückstellungen für Umweltverbindlichkeiten stellen keinen eigenständigen Rückstellungstatbestand dar. Ihre Zulässigkeit in der Steuerbilanz richtet sich daher ausschließlich nach den bereits bestehenden Rückstellungsregelungen. Spezielle steuerrechtliche oder handelsrechtliche Regelungen für Umweltschutzrückstellungen bestehen nicht.

Aufwandsrückstellungen für Umweltschutzmaßnahmen sind in der Steuerbilanz nur unter den besonderen Voraussetzungen des § 249 Abs.1 S.2 Nr.1 HGB zulässig.

Darüber hinaus kommen nur Verbindlichkeitsrückstellungen in Betracht. Umweltschutzrückstellungen muß der Kaufmann also dann bilden, wenn zum Bilanzstichtag eine Umweltverbindlichkeit besteht.

§ 3 Umweltverbindlichkeiten

Voraussetzung für Umweltschutzrückstellungen sind Umweltverbindlichkeiten. Der Verpflichtungstatbestand kann zivilrechtlicher oder öffentlich-rechtlicher Natur sein. Denkbar sind darüber hinaus auch Rückstellungen für geplante Umweltschutzmaßnahmen, denen kein rechtlicher Verpflichtungstatbestand zugrunde liegt.

I. Der Begriff "Umweltverbindlichkeit"

Der Begriff "Umweltverbindlichkeit" umfaßt alle Verpflichtungen, die den Erhalt der Umwelt, also die Beseitigung bereits eingetretener Umweltschäden sowie die Vermeidung oder Verringerung zukünftiger Umweltbelastungen bezwecken.

Der Umweltschutz ist als Staatsziel im Grundgesetz der Bundesrepublik Deutschland nicht verankert, er spielt jedoch in vielen Spezialgesetzen eine immer größer werdende Rolle. Das Umweltprogramm der Bundesregierung von 1971[57] definierte Umweltschutzmaßnahmen als Maßnahmen, die notwendig sind,

"um dem Menschen eine Umwelt zu sichern, wie er sie für seine Gesundheit und für ein menschenwürdiges Dasein braucht, um Boden, Luft und Wasser, Pflanzen- und Tierwelt vor nachteiligen Wirkungen menschlicher Eingriffe zu schützen und um Schäden oder Nachteile aus menschlichen Eingriffen zu beseitigen."[58]

---

[57] Bundestags-Drucksache VI/2710.
[58] Bundestags-Drucksache VI/2710 S.6.

Immer dann, wenn ein Kaufmann zu Umweltschutzmaßnahmen verpflichtet ist, liegt in Höhe der damit verbundenen Aufwendungen eine Umweltverbindlichkeit vor. Der Entstehungsgrund kann sowohl öffentlich-rechtlicher als auch zivilrechtlicher Natur sein. Bildet der Kaufmann für diese Umweltverbindlichkeit eine Rückstellung, so handelt es sich um eine Umweltschutzrückstellung. Dabei muß der Kaufmann die Umweltschutzmaßnahmen nicht selbst ausführen. Oftmals wird dies mangels technischer Voraussetzungen nicht möglich sein. Es reicht aus, wenn er deren Kosten letztlich zu tragen hat oder zum Schadensersatz verpflichtet ist.

II. Einteilung von Umweltverbindlichkeiten

Bei Verbindlichkeitsrückstellungen wird zwischen zivilrechtlichen und öffentlich-rechtlichen Verpflichtungstatbeständen unterschieden. Diese Unterscheidung ist nicht zwingend, weil das Gesetz (§ 249 HGB) nicht zwischen ungewissen zivilrechtlichen und ungewissen öffentlich-rechtlichen Verbindlichkeiten unterscheidet. Die Einteilung ergibt sich aber aus der unterschiedlichen Behandlung von ungewissen zivilrechtlichen und ungewissen öffentlich-rechtlichen Verbindlichkeiten durch die Rechtsprechung.

Eine andere Einteilung von Umweltverbindlichkeiten beruht auf den unterschiedlichen Zielsetzungen, die die Verpflichtungen verfolgen. So muß man zwischen Umweltschutzverpflichtungen zur Vermeidung zukünftiger und zur Beseitigung vorhandener Umweltschäden unterscheiden.[59] Diese Unterscheidung ist für die Frage der Rückstellungsbildung deshalb von Bedeutung, weil eine Verpflichtung

---

[59] *Bartels* BB 1991, 2044 und BB 1992, 1095 und 1311 mit einer noch genaueren Einteilung nach Schadensverhütung, Schadensbeseitigung und Schadensbegrenzung.

zur Beseitigung vorhandener Umweltschäden, etwa die Verpflichtung zur Altlastensanierung, immer in abgelaufenen Wirtschaftsjahren wirtschaftlich verursacht ist, während dies für eine Verpflichtung zur Vermeidung zukünftiger Umweltschäden, etwa die Verpflichtung zur Anpassung einer Produktionsanlage an den neuesten Stand der Technik, nicht zutrifft.

III. Einzelne Verpflichtungstatbestände

Der Kaufmann sieht sich einer Vielfalt von Verpflichtungen gegenüber, die auf den Erhalt, den Schutz oder der Wiederherstellung einer gesunden Umwelt zielen. Der folgende Überblick soll im Interesse eines besseren Verständnisses einzelne Verpflichtungtatbestände vorstellen. Im Hinblick auf die große Vielfalt solcher Verpflichtungen erhebt er aber keinen Anspruch auf Vollständigkeit.

Die Bandbreite der Verpflichtungstatbestände reicht von zivilrechtlichen Abwehransprüchen wegen der Verunreinigung eines Nachbargrundstücks über die Verpflichtung zur Beseitigung von Produktionsrückständen bis hin zur Verpflichtung zur Sanierung von Altlasten und zur Entsorgung gesundheitsgefährdender Produktionsstätten, wie etwa die Entsorgung stillgelegter Kernkraftwerke.[60]

1. Zivilrechtliche Umweltschutzverpflichtungen

Bei zivilrechtlichen Umweltschutzverpflichtungen ist zwischen vertraglichen und gesetzlichen Verpflichtungen zu unterscheiden.

---

[60] *Günkel* StbJb. 1990/91, 97 (98).

Einteilung der verschiedenen Verpflichtungstatbestände

a) Vertragliche Umweltschutzverpflichtungen

Vertraglichen Umweltschutzvereinbarungen bekommen immer größeres Gewicht, weil die Vertragspartner dem Umweltschutz immer größere Beachtung zukommen lassen. Dies ist eine Folge der hohen Kosten, die mit dem Schutz der Umwelt verbunden sind.

Wenn sich beispielsweise Fahrzeughersteller dazu verpflichten, Fahrzeuge nach Benutzung zum Zwecke der Entsorgung zurückzunehmen, so liegt in dieser Rücknahmeverpflichtung eine Umweltverbindlichkeit gegenüber demjenigen, der die Rücknahmevoraussetzungen erfüllt.[61]

Häufig besteht eine vertragliche Umweltschutzverpflichtung bei der Veräußerung oder Verpachtung von Grundstücken. Dabei reicht die Palette der Vereinbarungen von Freistellungsverpflichtungen über Haftungsbegrenzungen und Beweislastumkehr, bis hin zur Garantie, ein Grundstück sei belastungsfrei.[62]

Die vertraglichen Umweltschutzverpflichtungen sind so vielseitig wie die Lebensbereiche, in denen der Umweltschutz heute Einkehr gefunden hat.

b) Gesetzliche Umweltschutzverpflichtungen

Für den Kaufmann wichtiger, weil weniger berechenbar, sind die gesetzlichen Verpflichtungstatbestände.

---

[61] Zum Beispiel die Rücknahmegarantien der Fahrzeughersteller Adam Opel AG und Volkswagen AG für die Modelle "Astra" und "Golf".
[62] *Schlemminger* BB 1991, 1433.

aa) Der zivilrechtliche Abwehranspruch

Der Eigentümer eines Grundstücks oder einer beweglichen Sache kann von einem Störer die Beseitigung der Beeinträchtigung seines Eigentums verlangen (§ 1004 Abs.1 BGB). Eine Beeinträchtigung des Eigentums an einem Grundstück ist gegeben, wenn der Störer die Grenzen einer zumutbaren Belastung überschreitet. Dabei hat der Eigentümer die Zuführung von unwägbaren Stoffen hinzunehmen, soweit die Benutzung seines Grundstücks durch die Zuführung nicht oder nur unwesentlich beeinträchtigt wird (§ 906 Abs.1 BGB). Grundgedanke der Vorschrift ist, daß Grundstücksnachbarn, um eine sinnvolle Grundstücksnutzung überhaupt zu ermöglichen, bestimmte Störungen hinnehmen müssen.

Zu den Einwirkungen im Sinne von § 906 BGB gehören die Zuführung von Gasen, Gerüchen, Geräuschen und anderen unwägbaren Stoffen.[63] Dazu zählen beispielsweise gesundheitsschädigenden Einwirkungen durch freigesetzte Chemikalien[64], die Geruchsbelästigung durch einen landwirtschaftlichen Betrieb[65] und die Geräuschbelästigung durch Maschinen.[66]

Was noch als zumutbar gilt, ist ständigen Schwankungen unterworfen, insbesondere durch die immer größer werdende Bedeutung des Immissions- und Umweltschutzes. Als Anhaltspunkt dienen dabei die öffentlich-rechtlichen Immissionsschutzbestimmungen.[67] Wenn in der Vergangenheit eine "Erosion des Eigentumsschutzes

---

[63] *Palandt/Bassenge*, BGB^{52}, § 906 Rdnr.4.
[64] Zum Beispiel von Fluor (BGH BGHZ 70, 102) oder Schwefeldioxyd (BGH BGHZ 15, 146; BGHZ 30,273).
[65] Zum Beispiel Schweinemast BGH NJW 1977, 146
[66] BGH BGHZ 46, 35.
[67] *Palandt/Bassenge,* BGB^{52}, § 906 Rdnr.1

im Interesse des technischen Fortschritts" stattgefunden hat,[68] so hat sich dies heute mit wachsendem Umweltbewußtsein umgekehrt.

bb) Die verschuldensabhängigen Schadensersatzansprüche

Verletzt der Kaufmann durch seinen Geschäftsbetrieb eines der in § 823 Abs.1 BGB gesondert genannten Rechtsgüter, ist er dem Verletzten gegenüber zum Schadensersatz verpflichtet. Beispielsweise bei der unsachgemäßen Vernichtung von Industrieabfällen.[69]

Wenn durch den Geschäftsbetrieb eine besondere Gefahrenquelle für die Umwelt geschaffen wird, muß der Kaufmann die notwendigen Sicherheitsmaßnahmen treffen, damit Rechtsgüter Dritter durch die Umweltschädigung nicht verletzt werden. Werden bei einem Störfall Dritte verletzt, insbesondere durch die erhöhte Belastung aus der Umwelt in ihrer Gesundheit beeinträchtigt, ist der Kaufmann zum Schadensersatz verpflichtet. Die Verkehrssicherungspflicht, vor allem die Aufsichtspflicht für angestellte Mitarbeiter, begründet eine eigene Pflichtverletzung des Kaufmanns. Eine Exculpation (§ 831 Abs.1 S.2 BGB) ist nicht möglich.[70]

Auch wenn der Kaufmann ein sogenanntes Schutzgesetz (§ 823 Abs.2 BGB) verletzt, ist er zum Schadensersatz verpflichtet. Schutzgesetze sind alle Rechtsnormen (Art.2 EG BGB), die ein bestimmtes Verhalten gebieten oder verbieten, um hierduch eine einzelne Person oder eine bestimmte Gruppe von Personen in ihren rechtlich anerkannten Interessen zu schützen.[71]

---

[68] So *Medicus* JZ 1986, 778 (784).
[69] BGH NJW 1976, 46.
[70] *Palandt/Thomas*, BGB^{52}, § 823 Rdnr.60, 62.
[71] *Palandt/Thomas*, BGB^{52}, § 823 Rdnr.140 f.

§ 3 Umweltverbindlichkeiten

Es gibt auf dem Gebiet des Umweltschutzes eine Reihe von (öffentlich-rechtlichen) Vorschriften, die neben der Umwelt als solcher auch Individualinteressen schützen. Beispielhaft seien hier § 2 Abs.1 Abfallgesetz und § 5 Abs.1 Bundesimmissionsschutzgesetz genannt.[72] Zu den Schutzgesetzen zählen aber nicht die von der Verwaltung oder von Sachverständigen in Verwaltungsvorschriften festgelegten Grenzwerte (z.B. "TA-Luft" / "TA-Lärm"),[73] weil diese nicht die Qualität von Rechtsnormen im Sinne des § 823 Abs.2 BGB haben (Art.2 EG BGB).[74] Die in diesen Vorschriften festgelegten Grenzwerte und Meßmethoden spielen jedoch auch für das Zivilrecht eine große Rolle.[75]

cc) Die Gefährdungshaftung für Umweltschäden

Neben die verschuldensabhängige Haftung für umweltschädigendes Verhalten tritt die verschuldensunabhängige Gefährdungshaftung.

Für den Bereich des Gewässerschutzes besteht schon lange eine Gefährdungshaftung. Derjenige, der in ein Gewässer Stoffe einleitet, die eine physikalische, chemische oder biologische Veränderung des Wassers herbeiführen, ist zum Ersatz der aus der Einleitung entstehenden Schäden verpflichtet, unabhängig davon, ob ihn ein Verschulden trifft (§ 22 Abs.1 WasserHG).

---

[72] Eine Aufstellung anerkannter Schutzgesetze gibt *Palandt/Thomas*, BGB^{52}, § 823 Rdnr.145 f.
[73] Technische Anleitung zur Reinhaltung der Luft (TA-Luft) vom 27.2. 1986 GMBl. S.95; Technische Anleitung zum Schutz gegen Lärm (TA-Lärm) vom 16.7.1968 Beilage zum Bundesanzeiger Nr.137 vom 26.7.1968.
[74] *Medicus* JZ 1986, 778 (783); *Eilers* DStR 1991, 101 (103).
[75] *Palandt/Bassenge*, BGB^{52}, § 906 Rdnr.3.

Mit dem Umwelthaftungsgesetz (UmweltHG)[76] führte der Gesetzgeber am 1.1.1991 eine Gefährdungshaftung für bestimmte gefährliche Anlagen ein. Diese Gefährdungshaftung geht über die im Bereich des Gewässerschutz hinaus, weil sie sich auf die gesamte Umwelt, einschließlich Luft und Boden, bezieht.[77] Damit führt das Umwelthaftungsgesetz zu einer wesentlichen Verschärfung der zivilrechtlichen Haftung für Umweltschäden.[78]

Voraussetzung für eine Haftung nach dem Umwelthaftungsgesetz ist das Betreiben einer umweltgefährdenden Anlage. Welche Anlagen gemeint sind, folgt aus dem Anhang zu § 1 UmweltHG, der in einer geschlossenen Anlagenliste praktisch jede umweltrelevante Industrieanlage aufzählt.[79] Dazu gehören Anlagen zur Herstellung von Baustoffen und Metallen, zur Bereitstellung von Energie, Anlagen der chemischen Industrie, der Oberflächenbehandlung, Anlagen zur Entsorgung und Lagerung von Abfällen sowie landwirtschaftliche Großbetriebe.[80] Von diesen Anlagen geht eine Gefahr für die Umwelt aus, die der Mensch nicht bis ins letzte Detail steuern kann.[81] Deshalb ist in diesen Bereichen eine verschuldenunabhängige Gefährdungshaftung erforderlich, um mögliche Haftungslücken zu schließen.

Zweite Voraussetzung einer Haftung nach dem Umwelthaftungsgesetz ist eine Umwelteinwirkung, die von der Anlage ausgeht. Die Umwelt als solche braucht durch die Einwirkung nicht beschädigt

---

[76] Vom 10.12.1990 BGBl. I S.2634.
[77] *Herzig/Köster* DB 1991, 53.
[78] *Eilers* DStR 1991, 101 (104).
[79] *Eilers* DStR 1991, 101 (104 FN 35).
[80] Anhang I zum UmweltHG BGBl. 1990 I S.2634.
[81] *Landsberg/Lülling*, Umwelthaftungsgesetz, § 1 Rdnr.11.

§ 3 Umweltverbindlichkeiten

sein. Erforderlich ist nur, daß über die Einwirkung auf Luft, Wasser oder Boden ein Schaden an anderen Rechtsgütern entstanden ist (§ 3 UmweltHG).[82]

Wenn durch Umwelteinwirkungen, die von einer solchen Anlage stammen, jemand in seiner Gesundheit beeinträchtigt oder eine Sache beschädigt wird, ist der Betreiber der Anlage zum Schadensersatz verpflichtet, auch ohne daß ihn ein Verschulden trifft (§ 1 UmweltHG). Die Haftung wird noch durch eine Ursachenvermutung verschärft (§ 6 Abs.1 UmweltHG), die der Betreiber der Anlage nur durch den Nachweis widerlegen kann, er habe die Anlage bestimmungsgemäß betrieben (§ 6 Abs.2 UmweltHG).

Neben der verschuldensunabhängigen Gefährdungshaftung, treffen den Betreiber einer Anlage im Sinne des UmweltHG auch weitreichende Auskunftsansprüche (§§ 9, 10 UmweltHG). Zudem muß er bei besonders gefährlichen Anlagen finanzielle Vorsorge tragen für den Fall, daß er tatsächlich auf Schadensersatz in Anspruch genommen wird (§ 19 UmweltHG).

Der Umfang der Haftung nach dem Umwelthaftungsgesetz ist auf einen Höchstbetrag von einhundertsechzig Millionen Deutsche Mark beschränkt (§ 15 UmweltHG). Diese Summe mag auf den ersten Blick hoch erscheinen. Sie relativiert sich jedoch angesichts der großen Umweltkatastrophen des letzten Jahrzehnts (Bhopal [1984], Tschernobyl [1986], Sandoz [1986] und Exxon Valdez [1989]).[83]

---

[82] *Landsberg/Lülling*, Umwelthaftungsgesetz, § 1 Rdnr.14
[83] *Landsberg/Lülling*, Umwelthaftungsgesetz, § 1 Rdnr.1

2. Öffentlich-rechtliche Umweltschutzverpflichtungen

Das Einschreiten der Verwaltung gegen Schädigungen, Gefährdungen oder sonstige Belastungen der Umwelt richtet sich sowohl nach allgemeinen ordnungsbehördlichen Regeln zur Gefahrenabwehr, als auch nach speziellen Vorschriften des Umweltschutzrechts.[84]

Das Umweltschutzrecht setzt sich aus einer Vielzahl von Gesetzen, Rechtsverordnungen und Verwaltungsvorschriften zusammen.[85] Als spezielle Umweltschutzverpflichtungen kommen z.b. die Verpflichtung zur Abfallbeseitigung nach dem Abfallgesetz (§ 2 AbfG), die Verpflichtung, eine Wasserverunreinigung zu vermeiden (§ 1a Abs.2 WasserHG) oder die Verpflichtung zur Entsorgung atomarer Abfälle (§ 9a Abs.1 AtG) in Betracht. Eine Verpflichtung kann sich aber auch aus Verwaltungsvorschriften, etwa der Technischen Anleitung zur Reinhaltung der Luft (TA-Luft)[86] oder der Technischen Anleitung zur Lagerung, chemisch/physikalischer und biologischer Behandlung und Verbrennung von besonders überwachungsbedürftigen Abfällen (TA-Abfall)[87] ergeben.[88]

Der Schutz der "Umwelt in ihrer Gesamtheit"[89] gehört zu den ordnungsbehördlich geschützten Rechtsgütern, nicht nur die einzelnen Bestandteile der Umwelt, wie Wasser, Luft und Boden.[90] Denn durch die Schädigung der Umwelt ist auch die menschliche Gesund-

---

[84] *von Münch/Breuer*, Besonderes Verwaltungsrecht^8, S.640.
[85] *Von Münch/Breuer*, Besonderes Verwaltungsrecht^8, S.622.
[86] Vom 27.2.1986 GMBl. 1986, 85.
[87] Vom 19.12.1986 BGBl. I S.2610.
[88] Zur Bindungswirkung dieser Verwaltungsvorschriften vgl. BVerwG BVerwGE 77, 300 (320 f.); *Jarass* NJW 1987, 1225 (1229); *Erbguth* DVBl. 1989, 473 (475); *Gerhard* NJW 1989, 2233 (2237); *Bartels* BB 1992, 1311 (1313); *Everling* RdiW 1992, 379 (383).
[89] *Breuer* JuS 1986, 359 (360).
[90] *Bäcker* BB 1989, 2071 (2074).

heit als eines der höchsten zu schützenden Rechtsgüter betroffen. Umweltschädigendes Verhalten stellt also immer auch einen Verstoß gegen die öffentliche Sicherheit und Ordnung dar. Soweit keine speziellen Normen des Immisions-, Gewässerschutzes oder des Abfallrechts eingreifen, bietet die allgemeine ordnungsbehördliche Generalnorm die Möglichkeit den Umweltschädiger für die Beseitigung der Schäden in Anspruch zu nehmen. Dies hat in den letzten Jahren zu einer Renaissance der Eingriffsermächtigungen des Polizei- und Ordnungsrechts geführt.[91]

Bei vielen Gefahren für die Umwelt besteht akuter Handlungsbedarf. So etwa wenn nach einem Tanklastunfall[92] oder nach einer unsachgemäßen Müllablagerung[93] eine Verunreinigung des Grundwassers droht. In diesen Fällen wird die zuständige Ordnungsbehörde sofort handeln, um die Gefahr für die Gesundheit der Bevölkerung abzuwenden. Der Kaufmann ist dann sofort verpflichtet, Umweltschutzmaßnahmen zu ergreifen.

In anderen Fällen sind zunächst umfangreiche Gefahrerforschungsmaßnahmen[94] erforderlich, bevor die zuständige Ordnungsbehörde einschreiten kann. Dies gilt für sogenannte Altlastenverdachtsflächen.[95] Erst wenn feststeht, daß eine Umweltgefährdung besteht, kann die zuständige Ordnungsbehörde den Störer mit Hilfe einer Sanierungsverfügung auf Beseitigung der Umweltschädigung in An-

---

[91] *Breuer* JuS 1986, 360; *Tettinger*, Besonderes Verwaltungsrecht², Rdnr.301a
[92] OVG Münster Urteil v. 3.10.1963 VIII A 309/62 OVGE 19,101.
[93] OVG Münster Urteil v. 21.5.1973 IV A 1004/72 DVBl. 1973, 924.
[94] Vgl. *Tettinger*, Besonderes Verwaltungsrecht², Rdnr.218; *von Münch/Friauf*, Besonderes Verwaltungsrecht⁸, S.224.
[95] Bayerischer VGH Beschluß vom 13.5.1986 20 CS 86.00338 DVBl. 1986, 1283.

spruch nehmen. In den meisten Fällen muß der Störer den verseuchten Boden abtragen lassen und als Sondermüll entsorgen.[96]

IV. Ergebnis zu § 3

Voraussetzung für Umweltschutzrückstellungen sind Umweltverbindlichkeiten.

Für den Kaufmann besteht eine Umweltverbindlichkeit, wenn er verpflichtet ist, Maßnahmen zu ergreifen, die dem Erhalt oder der Wiederherstellung der Umwelt dienen.

Die Verpflichtungstatbestände sind dabei sehr vielschichtig. Sie entstammen allen Bereichen des Rechts. Sie können sowohl zivilrechtlicher als auch öffentlich-rechtlicher Natur sein. Sie bestehen auf Grund von Verträgen oder auf Grund von Gesetzen. Gemeinsam ist ihnen nur die Zielsetzung, die Umwelt so wenig wie möglich zu belasten, oder bereits vorhandene Umweltschäden zu beseitigen.

---

[96] Dazu VGH Mannheim Beschluß vom 14.12.1989 1S 2719/89 BB 1990, 237.

2. Abschnitt:

Voraussetzungen für Umweltschutzrückstellungen

Da Umweltschutzrückstellungen keinen Sonderfall innerhalb der Verbindlichkeitsrückstellungen darstellen, müssen auch sie die allgemeinen Passivierungsvoraussetzungen erfüllen.

§ 4 Die für alle Umweltschutzrückstellungen geltenden Voraussetzungen

Grundvoraussetzung für jede Verbindlichkeitsrückstellung ist das Bestehen einer betrieblich veranlaßten Verbindlichkeit. Dies gilt auch für Umweltschutzrückstellungen.

I. Das Bestehen einer Verbindlichkeit-

Die Verpflichtung gegenüber einem außenstehenden Dritten ist von der rein innerbetrieblichen Verpflichtung des Unternehmens "gegen sich selbst"[97] abzugrenzen, die keine rückstellungsfähige Schuld begründet.[98]

Wenn beispielsweise der Gesellschaftsvertrag, die Satzung oder der Vorstandsbeschluß eines Unternehmens bestimmen, daß in Zukunft eine bestimmte Umweltschutzmaßnahme, für die sonst keine rechtliche Verpflichtung besteht, durchzuführen sei, besteht zum Bilanz-

---

[97] BFH BStBl. 1972 II, 392 (396).
[98] *Clemm/Nonnenmacher* in Beck'scher Bilanzkommentar², § 249 HGB Rdnr.32.

stichtag lediglich eine innerbetriebliche Verpflichtung.[99] Dafür darf der Kaufmann keine Umweltschutzrückstellung bilden.

Sofern eine Verbindlichkeit bereits rechtlich entstanden ist und auch ihrer Höhe nach feststeht, muß der Kaufmann dieselbe auch als Verbindlichkeit bilanzieren. Dies verlangt das Vollständigkeitsgebot (§ 246 Abs.1 HGB). Eine Verbindlichkeit ist dann entstanden, wenn alle Tatbestandsmerkmale erfüllt sind, an die das Gesetz oder der Vertrag das Entstehen der Verbindlichkeit knüpft. Sie entsteht unabhängig von Fälligkeit, Geltendmachung durch den Gläubiger und sogar unabhängig von dessen Kenntnis von seinem Anspruch.[100]

Die Gewißheit einer Verbindlichkeit entscheidet darüber, ob der Kaufmann sie als solche bilanzieren oder ob er für sie eine Rückstellung bilden muß.[101] Wenn der Kaufmann auf Grund einer umweltschädigenden Handlung einem Dritten gegenüber zum Schadensersatz verpflichtet ist und der Schadensersatz auch der Höhe nach feststeht, ist die Verbindlichkeit nicht mehr ungewiß sondern gewiß. Rückstellungen muß der Kaufmann aber nur für ungewisse Verbindlichkeiten bilden. Dies gilt auch für Umweltschutzrückstellungen.

Rückstellungen muß der Kaufmann aber nicht nur wegen der in der Höhe ungewissen Verbindlichkeiten bilden. Rückstellungsfähig sind auch die Verbindlichkeiten, bei denen noch nicht alle Merkmale des Verpflichtungstatbestandes erfüllt sind. Für sie muß der Kaufmann eine Rückstellung bilden, wenn sie im abgelaufenen Geschäftsjahr *wenigstens*[102] wirtschaftlich verursacht sind. Voraussetzung ist,

---

[99] *Clemm/Nonnenmacher* in Beck'scher Bilanzkommentar², § 249 HGB Rdnr.32 zu einer satzungsmäßigen Spendenverpflichtung.
[100] *Schmidt*, EStG¹¹, § 5 Anm.39a; *Naumann* Wpg. 1991, 529.
[101] *Clemm/Nonnenmacher* in Beck'scher Bilanzkommentar², § 247 HGB Rdnr.215.
[102] BFH BStBl. 1987 II, 848; BStBl. 1992 II, 336 (337).

daß der Kaufmann anhand objektiv nachprüfbarer Kriterien nachweisen kann, daß er mit einer Inspruchnahme "ernstlich zu rechnen" hat.[103]

Es besteht auch dann eine rückstellungsfähige ungewisse Verbindlichkeit, wenn der Kaufmann sich einer faktischen Verpflichtung nicht entziehen kann oder will, obwohl ihn auch in Zukunft keine rechtliche Verpflichtung treffen wird.[104] Kann der Kaufmann nachweisen, daß er eine bereits verjährte Forderung in Hinblick auf die Aufrechterhaltung guter Geschäftsverbindungen trotzdem erfüllen will oder daß er eine nichtige (§ 138 BGB) "Schmiergeld"-Zusage aus wirtschaftlichen Gründen erfüllen muß, kommt eine Rückstellung in Betracht.[105] Deshalb muß der Kaufmann auch bei Umweltverbindlichkeiten, denen kein Verpflichtungstatbestand zugrunde liegt, prüfen, ob er eine Rückstellung bilden muß.

II. Die betriebliche Veranlassung

Nur wenn die zukünftigen Umweltschutzaufwendungen des Kaufmanns, derentwegen er eine Rückstellung bilden will, später Betriebsausgaben sind, ist eine Verbindlichkeitsrückstellung zulässig und geboten.[106]

1. Betriebsausgaben

Betriebsausgaben sind die Aufwendungen, die durch den Betrieb veranlaßt sind (§ 4 Abs.4 EStG). Betrieblich veranlaßt sind alle

---

[103] BFH BStBl. 1984 II, 263 (264); BStBl. 1981 II, 669 (671).
[104] BFH BStBl. 1956 III, 212; *Schmidt*, EStG[11], § 5 Anm.39a.
[105] *Clemm/Nonnenmacher* in Beck'scher Bilanzkommentar², § 249 HGB Rdnr. 37.
[106] *Schmidt*, EStG[11], § 5 Anm. 39e; zu steuerlichen Auswirkungen von Umweltschäden im Privatvermögen *Bippus* BB 1993, 407 (410).

Aufwendungen, die in einem tatsächlichen oder wirtschaftlichen Zusammenhang mit dem Betrieb stehen, auch wenn sie ohne oder gegen den Willen des Steuerpflichtigen anfallen.[107]

Der Kaufmann darf also nur für solche Umweltverbindlichkeiten eine Umweltschutzrückstellung bilden, die in einem tatsächlichen oder wirtschaftlichen Zusammenhang mit dem Betrieb stehen. Dazu gehören alle Aufwendungen, die der laufende Betrieb mit sich bringt, etwa die Entsorgung von Produktionsabfällen oder die Anpassung von Produktionsstätten an den jeweiligen Stand der Umwelttechnik. Dazu gehören auch die Aufwendungen für die Sanierung des Betriebsgrundstücks und die Entsorgungsaufwendungen nach Beendigung des Geschäftsbetriebes.

2. Schadensersatzverpflichtungen und Geldbußen

Schadensersatzverpflichtungen stehen dann in einem betrieblichen Zusammenhang, wenn der (Umwelt)schaden die unmittelbare Folge der betrieblichen Tätigkeit ist.[108] Dies ist der Fall, wenn die betriebliche und private Veranlassung nicht untrennbar ineinandergreifen. Sobald die (Umwelt)schädigung nicht mehr vom Unternehmenszweck gedeckt ist, liegt keine ausschließlich betriebliche Veranlassung vor, so daß der Kaufmann auch keine Rückstellung bilden darf.[109]

Für Geldbußen oder Geldstrafen, die gegen den Kaufmann wegen einer Umweltschädigung verhängt wurden, darf er auch dann keine Rückstellungen bilden, wenn sie betrieblich veranlaßt sind. Diese

---

[107] *Schmidt/Heinicke*, EStG[11], § 4 Anm.92d.
[108] Hessisches Finanzgericht EFG 1991, 599.
[109] Hessisches Finanzgericht EFG 1991, 599; zur Frage des Bilanzierungszeitpunktes bei Schadensersatzverpflichtungen siehe BFH Urteil vom 2.10.1992 Aktz. III R 54/91 = DB 1993, 204.

Betriebsausgaben dürfen den Gewinn nicht mindern (§ 4 Abs.5 S.1 Nr.8 EStG).[110]

III. Aktivierungspflicht zum Zeitpunkt der Auflösung

Bei der Erfüllung öffentlich-rechtlicher Umweltverbindlichkeiten fallen häufig Ausgaben an, die der Kaufmann nach den handelsrechtlichen Vorschriften als Anschaffungs- oder Herstellungskosten aktivieren muß.[111]

Wenn der Kaufmann zum Zwecke des Umweltschutzes Wirtschaftsgüter des Anlagevermögens anschafft, oder die Umweltschutzmaßnahme der Erweiterung oder Verbesserung eines vorhandenen Wirtschaftsgutes des Anlagevermögens dient, handelt es sich um Anschaffungs- oder Herstellungskosten (§ 255 Abs.1 und 2 HGB) und nicht um sofort abziehbare Betriebsausgaben.[112]

Für den Kaufmann stellt sich die Frage, ob er für diese zukünftigen Umweltschutzinvestitionen ebenfalls Rückstellungen bilden muß, oder ob solche Rückstellungen unzulässig sind.

Bei der Rückstellungsbildung geht es darum, Aufwand zeitlich vorzuziehen. Deshalb darf nach herrschender Auffassung der Kaufmann keine Rückstellungen für aktivierungspflichtige Ausgaben bilden, weil diese durch die spätere Aktivierung neutralisiert

---

[110] Zur Verfassungsmäßigkeit von § 4 Abs.5 S.1 Nr.8 EStG siehe BVerfG Beschluß vom 23.1.1990 1 BvL 4-7/87 BVerfGE 81, 228.
[111] *Christiansen* StBp. 1987, 193 (197); *Limbach*, Die steuerliche Förderung des Umweltschutzes, S.10; *Bartels* BB 1992, 1095 (1098); *Crezelius* DB 1992, 1353 (1362).
[112] Zur Aktivierungspflicht im Zusammenhang mit Umweltschutzverpflichtungen *Gail* StbJb. 1990/91, 67 (69f.).

würden.¹¹³⁾ Es fehlte an dem für Rückstellungen erforderlichen buchmäßigen Aufwand.¹¹⁴⁾ Der Bundesfinanzhof hat dies für Umrüstungskosten für Eisenbahnwaggongs¹¹⁵⁾ und für Aufwendungen zur Ablösung von baurechtlichen Verpflichtung zur Errichtung von Stellplätzen¹¹⁶⁾ entschieden.

Danach darf der Kaufmann für Aufwendungen, die später als Wirtschaftsgüter des Anlagevermögens zu aktivieren sind, keine Rückstellung bilden. Rückstellungen sind nach herrschender Auffassung also nur bei solchen Umweltverbindlichkeiten zulässig, die nicht zu einer späteren Aktivierungspflicht, sondern zu sofort abziehbarem Aufwand führen.

Demgegenüber hält *Christiansen*¹¹⁷⁾ in den Fällen, in denen die Behörde es dem Kaufmann freistellt, wie er eine öffentlich-rechtliche Umweltverbindlichkeit erfüllt, eine Rückstellung für spätere Abschreibungen für zulässig. Der Kaufmann stelle nicht die Anschaffungs- oder Herstellungskosten in eine Rückstellung, sondern die Aufwendungen zur Erreichung eines bestimmten Leistungserfolgs. Die Rückstellung sei dann gegen die laufenden Abschreibungen gewinnerhöhend aufzulösen.

Mit Rückstellungen soll der Kaufmann zukünftigen Aufwand zum Zeitpunkt der Bilanzaufstellung berücksichtigen. Durch Abschreibungen sollen Ausgaben, die bis zum Bilanzstichtag angefallen

---

¹¹³⁾ *Clemm/Nonnenmacher* in Beck'scher Bilanzkommentar², § 249 HGB Rdnr.100 "Umweltschäden"; *Schmidt*, EStG¹¹, § 5 Anm.57 "Umweltschäden"; *Nieland* in Littmann/Bitz/Meincke, Das Einkommensteuerrecht, §§ 4,5 Rdnr.899; *Christiansen* StBp. 1987, 193 (197); *Gail* StbJb. 1990/91, 67 (91); *Günkel* StbJb. 1990/91, 97 (109); *Bartels* BB 1992, 1095 (1098 f.); *Bordewin* DB 1992, 1533 (1534).
¹¹⁴⁾ *Christiansen* StBp. 1987, 193 (197); *Bartels* BB 1992, 1095 (1098).
¹¹⁵⁾ BFH BStBl. 1981 II, 660.
¹¹⁶⁾ BFH NV 1990, 504.
¹¹⁷⁾ StBp. 1987, 193 (198).

sind, zu einem späteren Zeitpunkt aufwandswirksam werden.[118] Sobald der Verpflichtungsgrund wegfällt, muß der Kaufmann die Rückstellung auflösen.[119] Mit den Aufwendungen ist aber die Verpflichtung erfüllt, wegen der der Kaufmann zunächst die Rückstellung gebildet hat. Der Kaufmann muß also spätestens zu diesem Zeitpunkt die Rückstellung auflösen. Deshalb ist es undenkbar, Rückstellungen für künftige Abschreibungen zu bilden. Solche Rückstellungen sind unzulässig.

Aber auch die herrschende Auffassung überzeugt nicht. Dies wird in den Fällen deutlich, in denen der Kaufmann zum Zeitpunkt des Ereignisses, für das er eine Rückstellung bilden muß, nicht genau weiß, ob die Aufwendungen später aktivierungspflichtig oder sofort abziehbar sind. Möglicherweise kann der Kaufmann zum Bilanzstichtag nicht absehen, ob die Aufwendungen für die Sanierung eines Gebäudes Erhaltungsaufwand oder Herstellungskosten (§ 255 Abs.2 HGB) sind, weil sich dies erst im Laufe der Sanierung herausstellt. Wenn sich beispielsweise die Asbestsanierung eines Gebäudes so umfangreich gestaltet, daß ein Zustand erreicht wird, der weit über den ursprünglichen Zustand hinausgeht, handelt es sich um Herstellungskosten (§ 255 Abs.2 HGB). Folgte man der herrschenden Auffassung, so müßte der Kaufmann die Frage der späteren Aktivierung bereits zum Zeitpunkt der Rückstellungsbildung beantworten.[120]

Die zukünftige Aktivierungspflicht ändert nichts an der Passivierungspflicht für ungewisse Verbindlichkeiten. Wenn eine Belastung durch ungewisse Umweltverbindlichkeit besteht, ist sie unter Berücksichtigung des Vorsichtsprinzips nicht mit dem Argument aus-

---

[118] *Bartels* BB 1992, 1095 (1099); *Günkel* StbJb. 1990/91, 97 (110).
[119] *Clemm/Nonnenmacher* in Beck'scher Bilanzkommentar², § 249 HGB Rdnr.28.
[120] *Crezelius* DB 1992, 1353 (1363).

zuräumen, sie führe später zu aktivierungspflichtigem Aufwand. Ob der Aufwand sofort abziehbar ist oder in Form von Abschreibungen im Laufe der Jahre erfolgswirksam wird, ist zum Zeitpunkt der Rückstellungsbildung unerheblich und eine davon zu unterscheidende Frage.

Lehnt man die Rückstellungen für möglicherweise aktivierungspflichtigen Aufwand ab, entsteht nicht das nach statischer Bilanzauffassung geforderte Bild der Vermögenslage des Kaufmanns.[121] Der Gläubigerschutz erstreckt sich nicht nur darauf, daß die aktivierungspflichtigen Aufwendungen als Anlagevermögen dem Unternehmen verhaftet bleiben. Nicht zuletzt sollen die Mittel, die zur Erfüllung der am Bilanzstichtag bestehenden Verbindlichkeit erforderlich sind, nicht vor ihrer Verwendung ausgeschüttet, sondern dem Unternehmen erhalten bleiben. Ob die Aufwendungen später zu aktivieren sind, ist für die Belastung zum Bilanzstichtag unerheblich.

Der Kaufmann muß also für alle ungewisse Verbindlichkeiten eine Rückstellung bilden, unabhängig davon, ob die zukünftigen Ausgaben später zu aktivieren sind. Das gilt nicht nur für die Fälle, in denen der Kaufmann zum Bilanzstichtag nicht genau weiß, ob die Aufwendungen später zu aktivieren sind oder nicht. Die Aktivierung hat mit der Rückstellungsbildung nichts zu tun. Der Kaufmann braucht zum Bilanzstichtag nicht zu entscheiden, ob die künftigen Ausgaben zu aktivieren sind.

Im Jahre der Aktivierung muß der Kaufmann die Rückstellung gewinnerhöhend auflösen, weil die Verbindlichkeit dann nicht mehr besteht. Eine ratierliche Auflösung gegen die laufende Abschreibung ist unzulässig weil mit Erfüllung der Verpflichtung der Kaufmann die Rückstellung vollständig auflösen muß.

---

[121] *Crezelius* DB 1992, 1353 (1363); *Kühnberger/Faatz* BB 1993, 98 (105).

§ 5 Rückstellungen für zivilrechtliche Umweltverbindlichkeiten

Zivilrechtliche Umweltverbindlichkeiten sind nur dann rückstellungsfähig und -pflichtig, wenn der Kaufmann einem Dritten gegenüber zu Umweltschutzmaßnahmen oder Schadensersatz verpflichtet ist und er sich dieser Verpflichtung nicht mehr entziehen kann, weil die Inanspruchnahme durch den Gläubiger wahrscheinlich ist.

I. Vertragliche Umweltverbindlichkeiten

Der Kaufmann darf eine vertragliche Umweltverbindlichkeit nicht anders behandeln als eine andere vertragliche Verpflichtung. Durch den Vertragsgegenstand ändert sich auch nichts an den Rückstellungsvoraussetzungen. Soweit die vertragliche Umweltverbindlichkeit wegen des Entstehungszeitpunktes oder wegen der Kosten für die Erfüllung ungewiß ist, muß der Kaufmann für sie eine Rückstellung bilden. Insofern gilt also nichts anderes als bei anderen zivilrechtlichen ungewissen Verbindlichkeiten (§ 249 Abs.1 S.1 HGB).

Zu den vertraglichen Verpflichtungen zählt auch die Inanspruchnahme durch den Vertragspartner aus positiver Vertragsverletzung, soweit sich aus dem Vertrag eine Nebenpflicht zur Unterlassung von umweltschädigenden Maßnahmen ergibt. Für einen Schadensersatzanspruch wegen einer Vertragsverletzung muß der Kaufmann dann eine Rückstellung bilden, wenn nach den am Bilanzstichtag bekannten Verhältnissen mit der Inanspruchnahme durch den Vertragspartner zu rechnen ist, unabhängig von der Kenntnis des Vertragspartners von seinem Anspruch.[122]_

---

[122] *Schmidt*, EStG[11] § 5 Anm.57 "Schadenersatz".

Eine rückstellungspflichtige vertragliche Umweltverbindlichkeit besteht auch dann, wenn der Vertrag anfechtbar ist und dies zum Bilanzstichtag noch nicht feststeht, denn der anfechtbare Vertrag ist wirksam, solange der Vertragspartner die Anfechtung nicht erklärt.[123] Bei nichtigen Verträgen besteht eine faktische Verpflichtung, für die der Kaufmann eine Rückstellung bilden muß, wenn er aus wirtschaftlichen Gründen gezwungen ist, die (unwirksame) vertragliche Verpflichtung zu erfüllen.[124]

Im einzelnen muß der Kaufmann prüfen, ob die Verpflichtung besteht und ob er mit der Inanspruchnahme rechnen muß.

Bei der Rücknahmegarantie für Altfahrzeuge[125] handelt es sich um eine ungewisse Umweltverbindlichkeit, für die der Hersteller, der sich zur Rücknahme verpflichtet, eine Rückstellung bilden muß. Die Verpflichtung besteht gegenüber allen Fahrzeughaltern, deren Fahrzeuge die Voraussetzungen für die Rücknahme erfüllen.[126] Eine Inanspruchnahme ist angesichts der Kosten für die Entsorgung von Altfahrzeugen auch wahrscheinlich. Die Bewertung der Rückstellung orientiert sich dabei an den heutigen Kosten für die Verwertung und das Recycling alter Fahrzeuge.

II. Gesetzliche Umweltverbindlichkeiten

Außer aus Vertrag können sich ungewisse zivilrechtliche Umweltverbindlichkeiten auch aus umweltschädigenden Handlungen des

---

[123] *Palandt/Heinrichs*, BGB^{52}, § 142 Rdnr.3.
[124] *Clemm/Nonnenmacher* in Beck'scher Bilanzkommentar^2, § 249 HGB Rdnr.37.
[125] Zum Beispiel die der Fahrzeughersteller Adam Opel AG und Volkswagen AG für die Modelle "Astra" und "Golf".
[126] Die Rücknahmegarantie umfaßt nur Fahrzeuge, die sich im Originalzustand befinden.

Kaufmanns oder dessen Mitarbeitern ergeben.[127] Der Umweltschädiger muß dann Schadensersatz leisten.

Rückstellungen kommen aber nur für die Schadensersatzverpflichtungen in Betracht, die auch als Betriebsausgaben den Gewinn mindern. Voraussetzung ist die betriebliche Veranlassung, die dann zu bejahen ist, wenn der Schaden im wesentlichen eine unmittelbare Folge der betrieblichen Tätigkeit ist.[128] Die Umweltschäden müssen also eine unmittelbare Folge der betrieblichen Tätigkeit sein.

Sobald der Kaufmann weiß, daß er durch sein umweltschädigendes Verhalten einen haftungsbegründenden Tatbestand erfüllt hat und die Inanspruchnahme durch den in seinen Rechten Verletzten auch wahrscheinlich ist, muß er eine Verbindlichkeitsrückstellung bilden, unabhängig von der Geltendmachung durch den Verletzten, der möglicherweise von seinem Anspruch noch keine Kenntnis hat.

Dabei kann sich eine Haftung für umweltschädigendes Verhalten aus zivilrechtlichen Vorschriften allein, oder in Verbindung zivilrechtlicher mit strafrechtlichen oder öffentlich-rechtlichen Vorschriften ergeben.

1. Der zivilrechtliche Abwehranspruch

Wenn ein Unternehmer über das ortsübliche Maß hinaus Emmissionen freisetzt, die die angrenzenden Nachbarn nicht nur unwesentlich in der Nutzung der Grundstücke beeinträchtigen, muß er mit der Inanspruchnahme auf Beseitigung der Störung (§ 1004

---

[127] *Limbach*, Die steuerliche Förderung des Umweltschutzes, S.11.
[128] BFH BStBl. 1980 II, 639 (640); Hessisches Finanzgericht EFG 1991, 599.

i.V.m. § 906 Abs.1 BGB) oder der Inanspruchnahme auf Ausgleich in Geld (§ 906 Abs.2 BGB) rechnen.

Die Inanspruchnahme ist angesichts des heutigen Umweltbewußtseins und der Umweltsensibilität innerhalb der Bevölkerung auch wahrscheinlich. Für die mit der Inanspruchnahme auf Beseitigung der Umweltschädigung verbundenen Aufwendungen hat der Kaufmann eine entsprechende Rückstellung zu bilden, soweit er die Beeinträchtigung nicht sofort beseitigen kann.

Dies gilt auch dann, wenn die betroffenen Grundstückseigentümer von der Beeinträchtigung noch keine Kenntnis erlangt haben, es sei denn, die Inanspruchnahme wird aus diesem Grund unwahrscheinlich. Die Inanspruchnahme wird dann unwahrscheinlich, wenn der Kaufmann sein umweltschädigendes Verhalten vertuscht und auch sonst nicht damit zu rechnen ist, daß der Geschädigte in absehbarer Zeit Kenntnis von seinem Anspruch erlangt.

Durch § 14 BImSchG wird der zivilrechtliche Abwehranspruch des Grundstücksbesitzers (§ 862 i.V.m. § 906 BGB) oder der des Grundstückseigentümers (§ 1004 i.V.m. § 906 BGB) durch einen verschuldensunabhängigen Schadensersatzanspruch ersetzt.[129] Bei einmal genehmigten Betrieben und Anlagen kann der Grundstücksnachbar also keine Beseitigung der Anlage verlangen, sondern allenfalls Vorkehrungen, die die beeinträchtigende Wirkung ausschließen. Falls dies auf Grund der technischen Gegebenheiten dem Betreiber der Anlagen nicht möglich ist, kann der Grundstücksnachbar nur Schadensersatz verlangen (§ 14 S.2 BImSchG).

---

[129] *Palandt/Bassenge*, BGB^{52}, § 906 Rdnr.37-39.

§ 5 Zivilrechtliche Umweltverbindlichkeiten

Der Kaufmann, der eine nach den Vorschriften des Bundesimmissionsschutzgesetzes genehmigte Anlage betreibt, muß eine Verbindlichkeitsrückstellung bilden, soweit Umstände dafür sprechen, daß die in ihren Rechten Beeinträchtigten ihn auf Grund dieses Schadensersatzanspruches in Anspruch nehmen.

2. Die verschuldensabhängigen Schadensersatzansprüche

Wenn der Kaufmann rechtswidrig und schuldhaft in die durch § 823 Abs.1 BGB normierten Rechtspositionen anderer eingreift, ist er den Verletzten gegenüber zum Schadensersatz verpflichtet. Eine betriebliche Schuld liegt aber nur dann vor, wenn der Schaden eine Folge der betrieblichen Tätigkeit ist.[130]

Soweit der Zeitpunkt der Inanspruchnahme oder die Höhe des Schadensersatzes noch nicht feststeht, muß der Kaufmann eine entsprechende Verbindlichkeitsrückstellung bilden. Dabei sind die Verhältnisse am Bilanzstichtag maßgeblich.[131]

Die Passivierungspflicht besteht aber nur dann, wenn nach den am Bilanzstichtag bekannten Umständen das Bestehen der Verbindlichkeit und die zukünftige Inanspruchnahme wahrscheinlich ist.[132] Bei einer rechtlich entstandenen Schadensersatzverpflichtung ist auch wahrscheinlich, daß der Gläubiger sie geltend macht[133]. Etwas anderes gilt nur, wenn wegen besonderer Umstände mit einer Inanspruchnahme nicht zu rechnen ist.

---

[130] BFH BStBl. 1980 II, 639 (640).
[131] *Clemm/Nonnenmacher* in Beck'scher Bilanzkommentar², § 249 HGB Rdnr.100 "Schadenersatz".
[132] BFH BStBl. 1969 II, 316 (317); *Clemm/Nonnenmacher* in Beck'scher Bilanzkommentar², § 249 HGB Rdnr.100 "Schadenersatz".
[133] *Schmidt*, EStG¹¹, § 5 Anm.40.

Die Inanspruchnahme aus einer Schadensersatzverpflichtung ist dann unwahrscheinlich, wenn die Beweisbarkeit des Anspruchs mit erheblichen Problemen behaftet ist. Bei der Schadensersatzverpflichtung wegen umweltschädigenden Verhaltens spielt vor allem die Frage der Kausalität eine große Rolle. Die Belastung aus der Umwelt läßt sich möglicherweise nur durch die statistisch höhere Gesundheitsbeeinträchtigung nachweisen, etwa durch höhere Krebserkrankungsraten in einem bestimmten Gebiet. Häufig sind auch Fälle alternativer Kausalität, in denen der Verletzte nicht genau feststellen kann, welche von mehreren Umweltbelastungen die Gesundheitsbeeinträchtigung letztlich herbeigeführt hat. Letztlich ist Kausalität dann schwer nachzuweisen, wenn erst die Summe von verschiedenen Belastungen die Gesundheitsbeeinträchtigung herbeiführt, wobei jede einzelne Belastung für sich betrachtet unschädlich ist.

In all diesen Fällen[134] ist die Inanspruchnahme durch den in seinen Rechten Verletzten auf Grund der schwierigen Beweissituation möglicherweise eher unwahrscheinlich als wahrscheinlich, so daß der Kaufmann, obwohl er selbst um sein umweltgefährdendes Handeln weiß, mit einer Inanspruchnahme nicht rechnen muß und demzufolge auch keine Verbindlichkeitsrückstellung bilden darf.

Für einen Anspruch aus § 823 Abs.1 BGB ist neben der Kausalität des Verhaltens für die Rechtsgutsverletzung die Rechtswidrigkeit des Verhaltens und Verschulden des unerlaubt Handelnden erforderlich. Der Nachweis dieser Voraussetzungen stellt für den Verletzten eine zusätzliche Hürde für die Geltendmachung seines Anspruchs dar, was wiederum Auswirkungen auf die Wahrscheinlichkeit der Inanspruchnahme hat.

---

[134] Im einzelnen *Medicus* JZ 1986, 778 (781f.), der auch Lösungswege für eine Beweiserleichterung aufzeigt.

Das Bestehen eines zivilrechtlichen Schadensersatzanspruchs ist also nicht hinreichende Bedingung für die Rückstellungsbildung. Wenn der Kaufmann die Inanspruchnahme so gut wie sicher ausschließen kann, besteht keine bilanzrechtliche Verbindlichkeit, obwohl diese rechtlich entstanden ist.[135] Er darf deshalb keine Verbindlichkeitsrückstellung bilden.

Diese Einschränkungen gelten auch für die Inanspruchnahme des Kaufmanns wegen Verstoßes gegen ein sogenanntes Schutzgesetz (§ 823 Abs.2 BGB) und wegen der Verletzung von Verkehrssicherungspflichten. Für die Schadensersatzpflicht aus der rechtswidrigen und schuldhaften Verletzung eines Schutzgesetzes muß der Kaufmann eine Rückstellung bilden, soweit die Verletzung betrieblich veranlaßt und eine Inanspruchnahme durch den Verletzten wahrscheinlich ist. Die Verkehrssicherungspflicht erweitert die Möglichkeit des Geschädigten, einen Anspruch auf Schadensersatz (§ 823 Abs.1 BGB) durchzusetzen. Dies muß der Kaufmann bei der Bildung von Verbindlichkeitsrückstellungen für die ungewisse Schadensersatzverpflichtung berücksichtigen. Denn wegen der erleichterten Beweisführung ist eine Inanspruchnahme aus der Verletzung einer Verkehrssicherungspflicht eher wahrscheinlich als eine Inanspruchnahme aus § 831 Abs.1 S.2 BGB i.V.m. § 823 BGB.

---

[135] *Moxter*, Festschrift Forster, 427 (429).

3. Rückstellungen für die Verpflichtungstatbestände des Umwelthaftungsgesetzes

Für den Kaufmann, der eine Anlage[136] im Sinne des Umwelthaftungsgesetzes betreibt, werden folgende neue Verpflichtungstatbestände relevant:[137]

- Die Gefährdungshaftung (§ 1 UmweltHG)
- Die Deckungsvorsorgeverpflichtung (§ 19 UmweltHG)
- Die Verpflichtung zur Aufzeichnung des Betriebsablaufs.

Fraglich ist, ob und unter welchen Voraussetzungen der Kaufmann für diese Umweltverbindlichkeiten Rückstellungen bilden darf und muß.

a) Gefährdungshaftung für Umweltschäden

Die Gefährdungshaftung für Umweltschäden (§ 1 UmweltHG)[138] ist mit der Gefährdungshaftung für fehlerhafte Produkte nach Maßgabe des Produkthaftungsgesetzes vergleichbar. Deshalb sind die anhand der Produkthaftung entwickelten Rückstellungsvoraussetzungen auch auf die Gefährdungshaftung nach dem Umwelthaftungsgesetz anwendbar.

Nach dem Produkthaftungsgesetz haften Hersteller und Händler (§ 4 Abs.3 ProdHG) für in den Verkehr gebrachte fehlerhafte Produkte.

---

[136] *Eilers* DStR 1991, 101 (104 FN 35]: Anhang I zum UmweltHG erfaßt praktische jede umweltrelevente Industrieanlage
[137] *Herzig/Köster* DB 1991, 53; *Eilers* DStR 1991, 101 (104).
[138] Zu den Voraussetzungen im einzelnen siehe Seite 20.

§ 5 Zivilrechtliche Umweltverbindlichkeiten

Haftungsvoraussetzung ist ein Produktfehler. Der Begriff wird in § 3 ProdHG legal definiert. Zu unterscheiden ist zwischen Konstruktions-, Fabrikations- und Instruktionsfehlern. Die Produkthaftung betrifft die Sicherheit des Produkts, wie sie die Allgemeinheit erwarten darf.[139] Unterläßt der Kaufmann beispielsweise den Hinweis auf die Unverträglichkeit der gleichzeitigen Anwendung zweier Pflanzenschutzmittel,[140] so liegt darin ein Instruktionsfehler. Fehler können aber auch bei der Konstruktion[141] oder bei der Fabrikation[142] eines Produktes auftreten.

Zweite Voraussetzung ist die Verletzung der in § 1 Abs.1 ProdHG genannten Rechtsgüter. Die Haftung setzt den Tod oder die Verletzung eines Menschen oder eine Sachbeschädigung voraus. Der Wortlaut von § 1 Abs.1 ProdHG stimmt dabei fast wörtlich mit dem des § 1 UmweltHG überein. Letztlich muß der Produktfehler ursächlich für die Rechtsgutsverletzung sein. Verschulden des Herstellers oder Händlers ist nicht erforderlich. Wie bei der Haftung nach dem Umwelthaftungsgesetz ist auch der Umfang der Produkthaftung in seiner Höhe begrenzt. Der Haftungshöchstbetrag ist auch hier einhundertsechzig Millionen Deutsche Mark (§ 10 ProdHG).

Der Kaufmann muß für Produktfehler nicht nur dann eine Rückstellung bilden, wenn der Verletzte seinen Schadensersatzanspruch geltend macht, sondern bereits dann, wenn ihm die den Anspruch begründenden Tatsachen im einzelnen bekanntgeworden sind.[143] Hat der Kaufmann also den Produktfehler erkannt und ist erfahrungsge-

---

[139] *Palandt/Thomas*, BGB^{52}, § 3 ProdHG Rdnr.1.
[140] BGH DB 1977, 1695.
[141] BGH BB 1972, 13: Maschine, die den Unfallschutzvorschriften nicht entspricht.
[142] OLG Hamburg NJW 1990, 2322: Aidsverseuchte Blutkonserve.
[143] BFH BStBl. 1963 III, 237 (238); BStBl. 1984 II, 263 (265); *Clemm/Nonnenmacher* in Beck'scher Bilanzkommentar^2, § 249 HGB Rdnr.100 "Produkthaftung".

mäß mit Schadensfällen zu rechnen, muß er auch dann eine Rückstellung bilden, wenn ihm konkrete Schadensfälle noch nicht bekannt sind.[144]

Etwas anderes gilt auch nicht für die Inanspruchnahme aus Umwelthaftung. Bei einem Störfall[145] wird der Kaufmann sofort Kenntnis von der Schädigung und der drohenden Inanspruchnahme seitens der Geschädigten erlangen.[146] In einem solchen Fall muß er eine Rückstellung bilden. Auch dann, wenn Schadensfälle dem Unternehmer noch nicht bekannt sind, er jedoch auf Grund seiner Erfahrung weiß, daß die Umwelteinwirkungen, die von seiner Anlage ausgehen, mit hoher Wahrscheinlichkeit zu Schadensfällen führen werden, muß er eine Rückstellung bilden.[147]

Rückstellungen für die Gefährdungshaftung nach dem Umwelthaftungsgesetz muß der Kaufmann also unter den gleichen Voraussetzungen bilden, wie Rückstellungen für Produkthaftungsverbindlichkeiten.

Eine Besonderheit unterscheidet aber die Haftung für fehlerhafte Produkte von der Haftung nach dem Umwelthaftungsgesetz. Der Unterschied besteht in der Ursachenvermutung des § 6 UmweltHG. Danach besteht die gesetzliche Vermutung, daß die schädlichen Umwelteinwirkungen von der betriebenen Anlage herrühren. Der Kaufmann, der eine solche Anlage betreibt, muß das Gegenteil beweisen. Er ist auch dann zum Schadensersatz verpflichtet, wenn er den Ablauf des ordnungsmäßigen Betriebsablaufs nicht nachweisen

---

[144] *Clemm/Nonnenmacher* in Beck'scher Bilanzkommentar², § 249 HGB Rdnr.100 "Produkthaftung".
[145] Dabei handelt es sich um eine Abweichung von dem normalen Betrieb einer Anlage.
[146] *Herzig/Köster* DB 1991, 53 (54).
[147] *Clemm/Nonnenmacher* in Beck'scher Bilanzkommentar², § 249 HGB Rdnr.100 "Produzentenhaftung".

kann. Anders als bei Rückstellungen für fehlerhafte Produkte kommt es dabei nicht auf erkennbare Fehler an. Der Kaufmann hat also über den Fall der Kenntnis von Störfällen hinaus auch dann eine Rückstellung für Umwelthaftungsverbindlichkeiten zu bilden, wenn die Inanspruchnahme trotz störungsfreiem Normalbetrieb deshalb möglich und wahrscheinlich ist, weil er diesen Normalbetrieb nicht nachweisen kann.[148]

Die Wahrscheinlichkeit der Inanspruchnahme aus der Gefährdungshaftung, muß der Kaufmann anhand objektiver Tatsachen am Bilanzstichtag prüfen.[149] Dabei reicht eine pessimistische Beurteilung allein nicht aus. Trotz des erheblichen latenten Risikos, das eine potentiell umweltgefährdende Anlage mit sich bringt, ist eine Rückstellung unzulässig, wenn keine auf die spätere Inanspruchnahme hindeutenden Tatsachen bekannt sind.[150] Eine zusätzliche Tatsache wäre beispielsweise die Zunahme von Schadensfällen im Bereich der Emmissionen der umweltgefährdenden Anlage.

Rückstellungen für die drohende Inanspruchnahme auf Grund der Gefährdungshaftung des Umwelthaftungsgesetzes sind mit Rückstellungen für die Haftung nach dem Produkthaftungsgesetz vergleichbar. Bei der Gefährdungshaftung für Umweltschäden kommt es jedoch nicht zwingend auf das Eintreten eines Störfalles an. Der Kaufmann muß deshalb nicht nur dann eine Rückstellung für Umwelthaftungsverbindlichkeiten bilden, wenn er Kenntnis von Umweltschäden erlangt, die auf einen Störfall in seinem Betrieb zurückzuführen sind, sondern auch dann, wenn er weiß, daß er die Vermutung aus § 6 UmweltHG nicht widerlegen kann und eine Inanspruchnahme droht.

---

[148] *Herzig/Köster* DB 1991, 53 (54).
[149] BFH BStBl. 1984 II, 263 (264).
[150] *Herzig/Köster* DB 1991, 53 (55).

b) Verpflichtung zur Deckungsvorsorge

Für bestimmte umweltgefährdende Anlagen[151] muß deren Betreiber durch eine Haftpflichtversicherung oder eine ähnliche Maßnahme finanzielle Vorsorge für eventuelle Schadensersatzverpflichtungen treffen (§ 19 UmweltHG). Es handelt sich dabei um keine flächendeckende obligatorische Umwelthaftpflichversicherung, weil der Gesetzgeber die Deckungsvorsorge auf besonders gefährliche Anlagen beschränkt hat.[152]

Die Deckungsvorsorgeverpflichtung ist eine öffentlich-rechtliche Verpflichtung um zivilrechtliche Schadensersatzansprüche abzusichern. Sie kann durch die zuständige Behörde durch Stillegungsmaßnahmen durchgesetzt werden (§ 19 Abs.4 UmweltHG). Es macht sich derjenige strafbar, der die erforderliche Deckungsvorsorge nicht erbringt (§ 21 Abs.1 Nr.1 UmweltHG).

Die öffentlich-rechtliche Deckungsvorsorgeverpflichtung ist mit dem Abschluß eines Versicherungsvertrages erfüllt. Sie wird ersetzt durch eine vertragliche, also zivilrechtliche Verpflichtung zur Leistung der vereinbarten Versicherungsprämie. Für eine solche Verbindlichkeit muß der Kaufmann eine Rückstellung bilden, wenn sie ungewiß ist. Die Verpflichtung zur Leistung der Versicherungsprämie entsteht im laufenden Geschäftsjahr und wird in der Regel für das nachfolgende Jahr im voraus bezahlt. Für Rückstellungen bleibt hier kein Raum, weil die Verpflichtung zur Prämienleistung nicht ungewiß ist.

---

[151] Anhang II zum UmweltHG BGBl.1990 I 2634
[152] *Landsberg/Lülling*, Umwelthaftungsgesetz, § 19 Rdnr.8.

Anders ist es, wenn der Versicherungsvertrag eine Verpflichtung zur Leistung von Nachprämien vorsieht. Der Versicherte verpflichtet sich dabei zur nachträglichen Leistung oder Erhöhung der Versicherungsprämie, falls der Versicherungsfall bei einem Mitglied der Solidargemeinschaft eintritt. Eine solche rechtliche Gestaltung ist bei geringem Risiko des Eintritts des Versicherungsfalls sinnvoll, um nicht unnötig Kapital zu binden.

Bei einer solchen rechtlichen Gestaltung des Versicherungsvertrages muß der Kaufmann eine Verbindlichkeitsrückstellung bilden, wenn nach den Umständen zum Bilanzstichtag eine Inanspruchnahme aus der Nachprämienverpflichtung wahrscheinlich ist.[153] Erfährt der Kaufmann also, daß bei einem Mitglied der Solidargemeinschaft der Versicherungsfall eingetreten ist, muß er eine Rückstellung für die voraussichtlichen Nachprämienleistungen bilden.

c) Verpflichtung zur Aufzeichnung des Betriebsablaufs

Die Verpflichtung zur Aufzeichnung des ordnungsgemäßen Betriebsablaufs ergibt sich nicht unmittelbar aus dem Umwelthaftungsgesetz. Sie besteht weder gegenüber dem Geschädigten noch gegenüber der Allgemeinheit. Sie ist auch keine öffentlich-rechtliche Verpflichtung, deren Einhaltung eine Aufsichtsbehörde mit Sanktionen durchsetzen könnte.

Die Aufzeichnungspflicht ist eine mittelbare Folge aus der Ursachenvermutung des Umwelthaftungsgesetzes (§ 6 Abs.1 UmweltHG). Hierin liegt eine Beweiserleichterung zugunsten des Geschädigten und zu Lasten des Kaufmanns.[154] Die Vermutung ist dann

---

[153] *Herzig/Köster* DB 1991, 53 (56).
[154] *Eilers* DStR 1991, 101 (104).

widerlegt, wenn der Kaufmann nachweisen kann, daß er die besonderen Betriebspflichten eingehalten hat und der normale Betriebsablauf nicht gestört wurde (§ 6 Abs.2 UmweltHG). Gelingt dieser Nachweis nicht, so ist der Kaufmann möglicherweise auch ohne einen Fehler im Betriebsablauf zum Schadensersatz verpflichtet.[155]

Der Kaufmann muß also seine Fertigungsprozesse möglichst lückenlos dokumentieren, will er der Gefahr einer Inanspruchnahme entgehen. Dennoch darf er für die mit der mittelbaren Aufzeichnungsverpflichtung verbundenen Aufwendungen, beispielsweise die Kosten für eine regelmäßige Untersuchung seiner Anlagen durch eine anderes Unternehmen, keine Verbindlichkeitsrückstellungen bilden. Es handelt sich nämlich nicht um eine rechtliche oder faktische Verpflichtung gegenüber einem Dritten. Der Kaufmann ist nur sich selbst gegenüber verpflichtet, will er sich nicht der Gefahr einer Inanspruchnahme aussetzen.

Für eine solche (betriebswirtschaftlich zwingenden) Verpflichtung "gegen sich selbst"[156] darf der Kaufmann keine Verbindlichkeitsrückstellung bilden.

d) Pauschalrückstellungen für Umwelthaftungsverbindlichkeiten

Sofern dem Kaufmann, der eine umweltgefährdenden Anlage im Sinne des Umwelthaftungsgesetzes betreibt, keine konkreten Tatsachen bekannt sind, die eine Inanspruchnahme wahrscheinlich machen, darf er auch keine Einzelrückstellung bilden. Damit ist die

---

[155] *Herzig/Köster* DB 1991, 53 (57).
[156] BFH BStBl. 1972 II, 392 (396).

§ 5 Zivilrechtliche Umweltverbindlichkeiten

Frage nach der Zulässigkeit von Pauschalrückstellungen, wie sie aus dem Bereich der Garantiehaftung bekannt sind, aber noch nicht beantwortet.

Für Gewährleistungsverpflichtungen darf der Kaufmann eine Pauschalrückstellung bilden, wenn er auf Grund branchenmäßiger Erfahrung die Wahrscheinlichkeit der Inanspruchnahme ermitteln kann.[157]

Im Gegensatz dazu darf der Kaufmann aber nach Ansicht des Bundesfinanzhofs für Haftpflichtverbindlichkeiten keine Pauschalrückstellungen bilden.[158] Anders als bei den Gewährleistungsverpflichtungen genüge es nicht, daß nach den Erfahrungen in dem betreffenden Betriebszweig eine Inanspruchnahme wahrscheinlich sei. Vielmehr sei zumindest Kenntnis des Kaufmanns über die anspruchsbegründenden Tatsachen erforderlich.

Nach Auffassung *Herzigs* soll der Kaufmann auch für Haftpflichtverbindlichkeiten eine Pauschalrückstellung bilden dürfen, wenn er im Einzelfall darlegen kann, daß die betreffenden Haftungsfälle nicht selten und vereinzelt, sondern häufig und regelmäßig auftreten.[159] Nach Ansicht von *Clemm/Nonnenmacher* besteht kein Unterschied zwischen der Gewährleistungspflicht gegenüber Vertragspartnern und der Produzentenhaftung gegenüber Dritten.[160] Entscheidend sei, daß der Unternehmer sich auf Erfahrungen aus der Vergangenheit berufen kann.-

---

[157] *Clemm/Nonnenmacher* in Beck'scher Bilanzkommentar², § 249 HGB Rdnr.100 "Gewährleistung".
[158] BFH BStBl. 1984 II, 263 (265).
[159] *Herzig*, DStJG 14 (1991), 199 (218) zu Rückstellungen für Verbindlichkeiten aus Produkthaftung.
[160] *Clemm/Nonnenmacher* in Beck'scher Bilanzkommentar², § 249 HGB, Rdnr.100 "Produzentenhaftung"; a.A. *Schmidt,* EStG¹¹, § 5 Anm.57 "Produkthaftung".

Diese Überlegungen treffen auch für die Gefährdungshaftung nach dem Umwelthaftungsgesetzes zu. Ohne die Kenntnis von haftungsbegründenden Tatsachen darf der Kaufmann keine Einzelrückstellung bilden. Voraussetzung für eine Pauschalrückstellung ist aber, daß sich der Kaufmann auf Erfahrungen aus der Vergangenheit berufen kann. Für den Bereich der Umwelthaftung fehlt es bislang an branchenbezogenen Vergangenheitserfahrungen. Deshalb ist eine Ausnahme von dem Grundsatz der Einzelbewertung (§ 252 Abs.1 Nr.3 HGB) für Risiken aus der Umwelthaftung bislang noch nicht zulässig.

e)   Ergebnis zu 3.

Für die Gefährdungshaftung nach dem Umwelthaftungsgesetz muß der Kaufmann eine Rückstellung bilden, wenn er anhand konkreter Tatsachen zum Bilanzstichtag mit einer Inanspruchnahme rechnen muß. Die Voraussetzungen sind mit denen der Rückstellungen für die Produkthaftung vergleichbar.

Die öffentlich-rechtliche Verpflichtung zur Deckungsvorsorge bei besonders gefährlichen Anlagen ist mit Abschluß einer Haftpflichtversicherung erfüllt. Nur bei besonderen Vertragsgestaltungen ist hier Raum für eine Verbindlichkeitsrückstellung.

Der Kaufmann ist keinem anderen gegenüber verpflichtet, den störungsfreien Betrieb der Anlage nachzuweisen. Deshalb darf er für die zu erwartenden Aufwendungen in diesem Zusammenhang auch keine Rückstellung bilden.

§ 6 Rückstellungen für öffentlich-rechtliche Umweltverbindlichkeiten

Den Schwerpunkt innerhalb der Diskussion um Rückstellungen für Umweltverbindlichkeiten bilden die Rückstellungen für öffentlich-rechtliche Umweltverbindlichkeiten. Dies liegt zum einen an der Dominanz des öffentlichen Rechts im Bereich des Umweltschutzes.[161] Zum anderen ist dies eine Folge aus der unterschiedlichen Beurteilung der Rückstellungsvoraussetzungen für ungewisse zivilrechtliche und öffentlich-rechtliche Verbindlichkeiten durch die Rechtsprechung.

Der Bundesfinanzhofs erkennt seit langem an, daß der Kaufmann auch für öffentlich-rechtliche Verbindlichkeiten, also Verpflichtungen gegenüber dem Staat und seinen Gebietskörperschaften, eine Verbindlichkeitsrückstellung bilden muß.[162] Dabei bejaht der Bundesfinanzhof eine rückstellungsfähige ungewisse öffentlich-rechtliche Verbindlichkeit aber nur dann, wenn diese nach Entstehungszeitpunkt und Inhalt hinreichend konkret ist, um eigenbetrieblichen vom schuldbegründenden Aufwand zu unterscheiden.[163]

Konkrete öffentlich-rechtliche Umweltverbindlichkeiten können sich aus Verwaltungsakt, aus öffentlich-rechtlichem Vertrag oder unmittelbar aus dem Gesetz oder einer Rechtsverordnung ergeben.[164]

---

[161] *Erbguth*, Rechtssystematische Grundfragen des Umweltrechts, S. 62 f.; *Bartels* BB 1991, 2044 (2045); BB 1992, 1095.
[162] BFH BStBl. 1971 II, 85; BStBl. 1975 II, 1105; BStBl. 1978 II, 97 (99); BStBl. 1983 II, 670; 1987 II, 848 (849); BStBl. 1989 II, 893 (894); BStBl. 1992 II, 336 (337).
[163] *Crezelius* DB 1992, 1353 (1355).
[164] *Bordewin* DB 1992, 1097; zu einzelnen Verpflichtungstatbeständen siehe Seite 24.

I. Gemischter Verpflichtungsgrund

Für den Kaufmann stellt sich die Frage, ob er auch dann eine Rückstellung bilden darf, wenn die öffentlich-rechtliche Verpflichtung zugleich eine innerbetriebliche Verpflichtung betrifft.

Beispiele dafür sind die früher heftig umstrittene Verpflichtung zur Aufstellung des Jahresabschlusses[165] und die Verpflichtung zur Wartung und Instandhaltung von Fluggeräten.[166] Zum einen ist das Unternehmen in diesen Fällen innerbetrieblich verpflichtet, weil die für die Aufstellung des Jahresabschlusses und die Wartung erforderlichen Kosten zur Erhaltung und Fortführung des Unternehmens unausläßlich sind. Zum anderen ist das Unternehmen auch öffentlich-rechtlich verpflichtet, den Jahresabschluß aufzustellen oder die Wartungen durchzuführen.

Die gleiche Situation betrifft den Kaufmann, der auf Grund eines Umweltschutzgesetzes zur Erneuerung einer Betriebsanlage verpflichtet ist, die er aus betriebswirtschaftlichen Zwängen ohnehin hätte erneuern müssen. Die öffentlich-rechtliche Umweltverbindlichkeit fällt mit der innerbetrieblichen Verpflichtung zusammen. Der Verpflichtungstatbestand ist dann "gemischter Natur".[167]

Betroffen sind aber nur die Verpflichtungen, die nach vernünftigen betriebswirtschaftlichen Überlegungen für die Weiterführung des Unternehmens unerläßlich sind. Im Gegensatz dazu kann die Behörde oder das Gesetz dem Kaufmann eine Umweltschutzmaßnahme auferlegen, die zwar *auch* als innerbetrieblicher Aufwand gelten

---

[165] BFH BStBl. 1980 II, 297: Verpflichtung aus § 242 HGB.
[166] BFH BStBl. 1987 II, 848: Verpflichtung nach § 7 der Betriebsordnung für Luftfahrtgeräte und § 30 der Prüfordnung für Luftfahrtgeräte.
[167] *Christiansen* StBp. 1987, 195.

§ 6 Öffentlich-rechtliche Umweltverbindlichkeiten

könnte, die für die Weiterführung des Betriebes jedoch nicht zwingend erforderlich ist. Für eine solche Verbindlichkeit muß der Kaufmann in jedem Fall eine Rückstellung bilden, da hier die öffentlich-rechtliche Umweltverbindlichkeit den Hauptgrund für die späteren Aufwendungen bildet.[168]

Darf der Kaufmann für gemischte Umweltverbindlichkeit eine Rückstellungen bilden, obwohl Aufwandsrückstellung für innerbetrieblichen Aufwand in der Steuerbilanz unzulässig sind?

Nach Ansicht *Christiansens* darf der Kaufmann nicht für alle öffentlich-rechtlichen Verbindlichkeiten, die zugleich unerläßlichen innerbetrieblichen Aufwand darstellen, eine Rückstellung bilden.[169] Sofern eine Maßnahme die Betriebsbereitschaft begründe, sie erhalte oder verbessere, stehe die innerbetriebliche Verpflichtung im Vordergrund, so daß der Kaufmann keine Rückstellung bilden dürfe, selbst wenn ein Gesetz die Maßnahme anordne.[170] Danach darf der Kaufmann für die gesetzliche Verpflichtung, eine betriebliche Anlage aus Umweltschutzgesichtspunkten zu erneuern, keine Rückstellung bilden, wenn die Erneuerung zugleich für die Zukunft des Unternehmens unausläßlich ist.

Christiansen verkennt die Aufgabe der Verbindlichkeitsrückstellung in Handels- und Steuerbilanz. Seine Auffassung ist zudem mit kaum lösbaren Abgrenzungsproblemen verbunden.[171]

Auch wenn der Verpflichtungsgrund "gemischter Natur" ist, besteht eine rückstellungspflichtige öffentlich-rechtliche Verpflichtung.[172] Der Kaufmann ist verpflichtet, nach Maßgabe der öffentlich-rechtli-

---

[168] *Herzig*, DStJG 14(1991),199 (229); *Christiansen* StBp 1987,193 (196).
[169] *Christiansen* StBp 1987, 193 (195).
[170] *Christiansen* StBp 1987, 193 (196).
[171] *Bartels* BB 1992, 1095 (1096).
[172] *Herzig*, DStJG 14 (1991), 199 (229); *Bartels* BB 1992, 1095 (1096).

chen Verpflichtung zu handeln. Er unterliegt einem Handlungszwang, dem er sich nicht entziehen kann, selbst wenn er es wollte.[173] Er muß deshalb diese Verpflichtung am Bilanzstichtag mit Hilfe einer Rückstellung vorwegnehmen, sofern die übrigen Voraussetzungen erfüllt sind, insbesondere die Verpflichtung hinreichend konkret ist. Wenn der Kaufmann damit gleichzeitig eine innerbetriebliche Verpflichtung zurückstellt, die er als Aufwandsrückstellung in seiner Steuerbilanz nicht rückstellen darf, ist das in Hinblick auf die vollständige Erfassung (§ 246 Abs.1 HGB) aller konkreten Verbindlichkeiten zum Bilanzstichtag unerheblich.[174]

Dies könnte diejenigen Kaufleute privilegieren, deren innerbetrieblichen Aufwendungen großzügig gesetzlich geregelt sind. Sie müssen für ihren innerbetrieblichen Aufwand eine Verbindlichkeitsrückstellung bilden, während andere den Aufwand nicht gewinnmindernd berücksichtigen dürfen. Ertragstarke Kaufleute hätten wegen der steuerstundenden Wirkung[175] von Rückstellungen ein Interesse daran, daß der Gesetzgeber möglichst viele "innerbetrieblichen Verpflichtungen" regelt. Die Kaufleute, die aus innerbetrieblichen Gründen heraus in nächster Zukunft eine Umweltschutzmaßnahme durchführen müssen, die nicht gesetzlich vorgeschrieben ist, wären gegenüber denjenigen im Nachteil, die zu ähnlichen Maßnahmen auf Grund Gesetzes verpflichtet sind.

Rückstellungen haben aber nicht die Aufgabe, ertragstarken Kaufleuten einen Steuervorteil zu verschaffen. Vielmehr sollen sie sicherstellen, daß zum Zeitpunkt der Inanspruchnahme durch den Gläubiger, in diesem Fall die öffentliche Hand, die nötigen Mittel zur Erfüllung der Verbindlichkeit vorhanden sind, und diese nicht

---

[173] *Herzig*, DStJG 14 (1991), 199 (229); *Bartels* BB 1992, 1095 (1096).
[174] *Herzig* DB 1990, 1341 (1345); ebenso *Rürup*, Festschrift für Forster, 519 (534).
[175] *Crezelius* DB 1992, 1353; siehe Seite 1.

zuvor als Gewinn ausgeschüttet wurden oder als Steuer an den Fiskus abgeflossen sind.[176] Deshalb muß der Kaufmann auch für gemischte Umweltverbindlichkeiten eine Verbindlichkeitsrückstellung bilden. Daß dadurch den Interessen ertragsstarker Kaufleute eher entsprochen wird als den Interessen ertragsschwacher Kaufleute, ist in Hinblick auf das Gebot des vollständigen Schuldenausweises (§ 246 Abs.1 HGB) und auf den Gläubigerschutz unerheblich.[177]

Der Kaufmann muß also auch für solche öffentlich-rechtlichen Umweltverbindlichkeiten eine Rückstellung bilden, die seinem innerbetrieblichen Aufwand entsprechen. Die Verbindlichkeitsrückstellung wird dadurch nicht zur "unechten"[178] oder "pflichtbewehrten"[179] Aufwandsrückstellung. Sie ist und bleibt vielmehr eine Verbindlichkeitsrückstellung, so daß ihre Anerkennung in der Steuerbilanz nicht zwangsläufig zur "dynamischen Wende" im Bilanzsteuerrecht führen muß.[180]

II. Verpflichtung auf Grund eines Verwaltungsakts

Häufigste Form der öffentlich-rechtlichen Umweltverbindlichkeit ist die behördliche Inanspruchnahme durch einen Verwaltungsakt.

In der Regel wird der Verwaltungsakt sofort vollzogen, so daß mangels ungewisser Verbindlichkeit kein Bedürfnis für die Bildung einer Verbindlichkeitsrückstellung besteht. Das gleiche gilt auch für die der Höhe nach bestimmten öffentlich-rechtlichen Umweltverbindlichkeiten. Daneben sind jedoch Fälle denkbar, in denen die Be-

---

[176] Vgl. *Bartke* DB 1978, Beil.4, 1 (11).
[177] Vgl. *Crezelius* DB 1992, 1353.
[178] *Borstell*, Aufwandsrückstellungen nach neuem Bilanzrecht, S.130 ff.
[179] *Groh* BB 1989, 1586 (1588).
[180] *Borstell*, Aufwandsrückstellungen nach neuem Bilanzrecht, S.36 f.; anderer Ansicht *Groh* BB 1989, 1586 (1588);

hörde den Kaufmann vor Bilanzstichtag in Anspruch nimmt und die Kosten der geforderten Umweltschutzmaßnahmen zu diesem Zeitpunkt nicht genau feststehen.

Soweit die Behörde den Kaufmann mit einem Verwaltungsakt für eine bestimmte Umweltschutzmaßnahme in Anspruch nimmt, ergeben sich keine besonderen Rückstellungsvoraussetzungen, vorausgesetzt die Umweltverbindlichkeit ist hinreichend konkret und die Inanspruchnahme wahrscheinlich. Eine Umweltverbindlichkeit auf Grund eines Verwaltungsakts ist dann konkret genug, wenn der Verwaltungsakt inhaltlich bestimmt ist. Die Inanspruchnahme ist dann nicht nur wahrscheinlich, sondern mit dem Erlaß des im Wege der Verwaltungsvollstreckung vollstreckbaren Verwaltungsakts bereits erfolgt.

1. Hinreichend bestimmter Verwaltungsakt

Der Verwaltungsakt, mit dem die Behörde den Kaufmann für Umweltschutzmaßnahmen in Anspruch nehmen will, ist dann hinreichend bestimmt (§ 37 Abs.1 VwVfG; § 119 Abs.1 AO), wenn sichergestellt ist, zwischen wem welche Rechtsbeziehung geregelt wird und wie diese Regelung aussehen soll.[181] Die Regelung muß vollständig, klar und eindeutig sein, so daß der durch den Verwaltungsakt Betroffene sein Verhalten nach ihr richten kann.[182]

Eine Regelung, die dem Unternehmer lediglich "geeignete Maßnahmen" zur Beseitigung einer Umweltschädigung auferlegt, ist dagegen zu unbestimmt, weil der Betroffene nicht weiß, welche Maßnahme denn nun geeignet ist, um die Gefahr letztlich zu beseitigen,

---

[181] *Stelkens/Bonk/Sachs/Leonhardt*, VwVfG³, § 37 Rdnr.5.
[182] *Kopp*, VwVfG⁵, § 37 Rdnr.4,8; *Tipke/Kruse*, AO/FGO¹⁴, § 119 Tz.1.

und, falls mehrere geeignete Maßnahmen denkbar sind, welche von diesen er ergreifen soll.

2. Nichtiger oder rechtswidriger Verwaltungsakt

Auch ein rechtswidriger Verwaltungsakt ist wirksam und lediglich anfechtbar (§ 43 Abs.2 VwVfG).[183] Die Wirksamkeit festzustellen, ist Aufgabe der Widerspruchsbehörde (§ 73 Abs.1 VwGO) oder des Gerichts. Ob sich der Verwaltungsakt im Wege der Überprüfung als rechtswidrig erweist, ist für die Rückstellungsbildung zum Zeitpunkt seines Erlasses unbeachtlich. Es ist nicht Aufgabe des Kaufmanns oder gar der Finanzbehörde, die Anfechtbarkeit eines Verwaltungsakts inzident festzustellen, um daraufhin zu entscheiden, ob eine Rückstellung zulässig und geboten ist.

Dies gilt für alle Rechtmäßigkeitsvoraussetzungen, insbesondere diejenigen, die sich aus der Ermächtigungsnorm des betreffenden Umweltschutzgesetzes ergeben.

Deshalb darf die Finanzbehörde eine Umweltschutzrückstellung auch dann nicht gewinnerhöhend auflösen, wenn der Kaufmann gegen die behördliche Inanspruchnahme noch im Wege des Rechtsbehelfsverfahrens oder mit Hilfe einer Klage vorgehen könnte. Dies gilt auch dann, wenn die Finanzbehörde meint, die Inanspruchnahme sei wegen der bestehenden Anfechtungsmöglichkeit nicht wahrscheinlich. Ansonsten müßten die Erfolgsaussichten eines Widerspruchsverfahrens oder der Klage innerhalb des Besteuerungsverfahrens untersucht werden. Das gilt auch für den Fall, daß der in Anspruch genommene Kaufmann nicht gegen den fehlerhaften Verwaltungsakt vorgeht, weil er die in dem Verwaltungsakt ausgespro-

---

[183] *Erichsen/Martens*, Allgemeines Verwaltungsrecht[8], S.236.

chene Verpflichtung aus wirtschaftlichen Gründen erfüllen will. Die Finanzbehörde darf dem Kaufmann dann nicht entgegenhalten, er könne den Verwaltungsakt noch anfechten.

Auf der anderen Seite muß auch der Kaufmann selbst dann für die Umweltverbindlichkeit auf Grund des Verwaltungsakts eine Rückstellung bilden, wenn er von den Erfolgsaussichten seiner Klage völlig überzeugt ist. Bei einem einmal erlassenen Verwaltungsakt ist die Inanspruchnahme nämlich so lange wahrscheinlich, als nicht seine Rechtswidrigkeit festgestellt ist.

Stellt sich bei nachträglicher Prüfung durch die Widerspruchsbehörde (§ 73 Abs.1 VwGO) oder durch das Gericht (Feststellungsklage § 43 Abs.1 VwGO) heraus, daß die Verpflichtung entweder nicht mehr oder niemals bestand, muß der Kaufmann die Rückstellung gewinnerhöhend auflösen, weil der Grund für ihre Bildung weggefallen ist (§ 249 Abs.3 S.2 HGB).

3. Rückstellungen für Kosten der Ersatzvornahme

Der Verwaltungsakt, mit dem die zuständige Behörde den Kaufmann für eine Umweltschutzmaßnahme in Anspruch nimmt, wird im Regelfall wegen der unmittelbaren Gefahr, die von umweltschädigenden Handlungen ausgeht sofort erlassen und unverzüglich vollstreckt.

Es kann aber auch vorkommen, daß die Behörde den Erlaß des Verwaltungsakts im Hinblick auf die Gefahrenlage nicht abwarten kann, und deshalb sofort handeln muß. Eine solche Situation liegt vor, wenn nach einem Unfall die unmittelbare Gefahr der

Verseuchung des Grundwassers mit Öl besteht.[184] In solchen Fällen wird die Behörde regelmäßig die Gefahr im Wege der Ersatzvornahme (§ 10 i.V.m. § 6 Abs.2 VwVG) selbst beseitigen oder beseitigen lassen, ohne zuvor einen Verwaltungsakt zu erlassen. Der für die Gefahr Verantwortliche wird dann für die Kosten der Beseitigung in Anspruch genommen.[185]

Der Kaufmann muß diese Verbindlichkeit berücksichtigen. Steht der Aufwand für die Beseitigung der Umweltgefahr zum Bilanzstichtag der Höhe nach noch nicht genau fest, muß er eine entsprechende Rückstellung bilden.

III. Verpflichtung auf Grund eines öffentlich-rechtlichen Vertrags

Umweltverbindlichkeiten können sich auch aus öffentlich-rechtlichen Verträgen zwischen dem Kaufmann und der zuständigen Behörde ergeben.

Der öffentlich-rechtliche Vertrag (§ 54 VwVfG) ist wie der Verwaltungsakt eine verwaltungsrechtliche Regelung eines Einzelfalls. Der Unterschied besteht jedoch darin, daß der Verwaltungsakt einseitig erlassen, der öffentlich-rechtliche Vertrag hingegen einvernehmlich geschlossen wird.[186]

Zu unterscheiden ist der öffentlich-rechtliche Vertrag aber auch von dem privatrechtlichen Handeln der Verwaltung. Entscheidend ist der

---

[184] OVG Münster Urteil v. 3.10.1963 VIII A 309/62 OVGE 19, 101; dazu *Maurer*, Allgemeines Verwaltungsrecht[8], § 20 Rdnr.25.
[185] Ermächtigungsgrundlage in NRW: § 77 Abs.1 Verwaltungsvollstrekkungsgesetz (i.d.F. v. 13.5.1980 GV NW S.510 mit Änd.) i.V.m. § 11 Abs.2 Nr.7 Kostenordnung (v.30.11.1971 GV NW S.394 mit Änd.).
[186] *Maurer*, Allgemeines Verwaltungsrecht[8], § 14 Rdnr.18.

Regelungsgegenstand. Dort wo beispielsweise Städte als Grundstückskäufer oder -verkäufer auftreten, geschieht dies in der Regel auf Grund privatrechtlicher Regelung. Soweit solche Verträge Regelungen über die Sanierung von Altlasten enthalten, besteht für den Verpflichteten eine hinreichend konkrete und somit rückstellungspflichtige Verbindlichkeit in Höhe der zu erwartenden Sanierungsaufwendungen.[187]

Denkbar sind auch öffentlich-rechtliche Verträge, die die Förderung gewerblicher Investitionen auf dem Gebiet des Umweltschutzes zum Gegenstand haben. Es handelt sich dabei um die finanzielle Förderung von Umweltschutzmaßnahmen. Der Kaufmann und Nutznießer der Subvention verpflichtet sich auf Grund eines öffentlich-rechtlichen Vertrages, die Umweltschutzmaßnahme durchzuführen. Ist die Maßnahme aber im einzelnen noch ungewiß oder sind die auf diese Maßnahme entfallenen Aufwendungen allenfalls zu schätzen, hat der Kaufmann eine entsprechende Rückstellung zu bilden.

Öffentlich-rechtliche Verträge und sonstige Vereinbarungen zwischen der zuständigen Behörde und dem Bürger wirken wie zivilvertragliche Verpflichtungen.[188] Wenn sich aus ihrem Inhalt eine konkrete aber ungewisse Verpflichtung ergibt, muß der Kaufmann eine Verbindlichkeitsrückstellung bilden.[189]

IV. Verpflichtung unmittelbar aus dem Gesetz

Problematisch, weil von der Rechtsprechung mit zusätzlichen Voraussetzungen versehen, ist die Frage nach der Zulässigkeit von

---

[187] Zur Vertragsgestaltung im einzelnen *Leinemann* VR 1990, 336; *Schlemminger* BB 1991, 1433.
[188] *Limbach*, Die steuerliche Förderung des Umweltschutzes, S.13.
[189] *Christiansen*, JbFfStR 1987/88, 109.

Rückstellungen für öffentlich-rechtlichen Verpflichtungen, die nicht auf einem Verwaltungsakt oder einem öffentlich-rechtlichen Vertrag beruhen, sondern die sich unmittelbar aus dem Gesetz ergeben.

1. Umweltverbindlichkeiten auf Grund von Ermächtigungsnormen

Gemeinsam ist fast allen umweltschutzrechtlichen Normen, daß sie keine spezielle Handlungsanweisung an den Bürger enthalten, sondern die Behörde lediglich ermächtigen, zur Beseitigung oder Vermeidung von Umweltschädigungen tätig zu werden. Dies gilt nicht nur für die ordnungsbehördliche Generalklausel (zum Beispiel § 14 OBG NRW), sondern auch für die speziellen Umweltschutzgesetze (zum Beispiel § 17 BImSchG, §§ 4,19b WasserHG, § 17 AtG).

Der Bürger kann in diesen Fällen allein durch den Blick in das Gesetz noch keine öffentlich-rechtliche Verpflichtung zur Beseitigung einer Umweltgefährdung oder eines Umweltschadens erkennen. Dennoch sind auch hier Fälle denkbar, in denen der Kaufmann gleichwohl mit einer Inanspruchnahme rechnen muß.

Wenn die zuständige Behörde die Angehörigen eines bestimmten Gewerbezweiges auffordert, eine veraltete, umweltgefährdende Betriebsanlage gegen eine neue, umweltfreundlichere Betriebsanlage auszutauschen, muß der Kaufmann, der dem gleichen Gewerbezweig angehört, bislang jedoch noch nicht aufgefordert wurde, mit der Inanspruchnahme fest rechnen. Er kann sich nicht darauf berufen, man werde ihn von der Aufforderung zur Umrüstung ausnehmen.

Fraglich ist aber, wann die Verpflichtung so konkret ist, daß eine Rückstellung geboten ist.

Die Frage ist jedenfalls für den Fall zu bejahen, in dem der Behörde kein Ermessensspielraum für das Einschreiten mehr zusteht. Bleibt der Behörde nur noch das Einschreiten gegen den Kaufmann als einzige ermessensfehlerhafte Entscheidung, besteht eine konkrete und rückstellungspflichtige Umweltverbindlichkeit des Kaufmanns. Bei Kenntnis von einer Umweltschädigung ist wegen der unmittelbaren Gefahr einer Gesundheitsbeeinträchtigung das Einschreiten der Behörde die einzige rechtmäßige Entscheidung.[190] Der Kaufmann muß in einem solchen Fall auch ohne einen Verwaltungsakt eine Rückstellung bilden, weil die Inanspruchnahme durch die Behörde wahrscheinlich ist und unmittelbar bevorsteht.

2. Anforderungen an die Konkretisierung öffentlich-rechtlicher Umweltverbindlichkeiten

Bei öffentlich-rechtlichen Umweltverbindlichkeiten ergibt sich eine rückstellungspflichtige Umweltverbindlichkeit unmittelbar aus dem Gesetz, wenn sie hinreichend konkretisiert ist und das Gesetz an ihre Nichterfüllung Sanktionen knüpft.[191] Zusätzliche Voraussetzungen sind nicht erforderlich.

a) Hinreichend bestimmte gesetzliche Umweltschutzverpflichtung

Die Anforderungen an die Konkretisierung einer öffentlich-rechtlichen Umweltverbindlichkeit, die sich unmittelbar aus dem Gesetz ergibt, entsprechen im wesentlichen denen, die man auch an die Konkretisierung eines Verwaltungsakts stellen muß.

---

[190] *Bartels* BB 1992, 1097 (1101).
[191] BFH BStBl. 1980 II, 297 (298); *Herrmann/Heuer/Raupach*, EStG, § 5 Anm.2200 "Öffentlich-rechtliche Verpflichtungen".

aa) Genau bestimmtes Handeln

Fraglich ist, ob die öffentlich-rechtliche Umweltverbindlichkeit auch dann hinreichend konkret ist, wenn zum Bilanzstichtag zwar feststeht, daß der Kaufmann eine bestimmte Verpflichtung erfüllen muß, die Auswahl unter mehreren geeigneten Maßnahmen zur Erfüllung der Umweltverbindlichkeit durch die zuständige Behörde aber noch nicht erfolgt ist.

Zum Beispiel weiß der Kaufmann, der eine ortsfeste Anlage zur friedlichen Nutzung der Kernenergie (§ 7 Abs.1 AtG) betreibt, auf Grund der atomrechtlichen Entsorgungsverpflichtung, daß er nach Beendigung des Betriebes einen strahlungssicheren Zustand erreichen muß. Mit welchen konkreten Maßnahmen er diesen Zustand erreichen soll, wird aber möglicherweise erst später durch die zuständige Behörde entschieden.[192]

Nach Ansicht *Christiansens* ist die öffentlich-rechtliche Umweltverbindlichkeit erst dann hinreichend konkret, wenn die zuständige Behörde durch eine Verfügung eine von mehreren alternativen Maßnahmen anordnet.[193] Solange zum Bilanzstichtag alternative Methoden zur Erfüllung der Umweltverbindlichkeit in Betracht kämen, sei nicht absehbar, ob Mehraufwand anfallen werde.[194]

Auch der Bundesfinanzhof stellt an die Konkretisierung einer öffentlich-rechtlichen Verpflichtung, die sich unmittelbar aus dem Gesetz ergibt, erhöhte Anforderungen. Er fordert in ständiger Recht-

---

[192] *Bordewin* DB 1992, 1097.
[193] JbFfSt. 1987/88, 99 (103).
[194] *Christiansen* JbFfSt. 1987/88, 98 (103).

sprechung, das Gesetz müsse ein inhaltlich genau bestimmtes Handeln vorschreiben, sonst sei die Verpflichtung nicht konkret genug.[195]

Wenn der Kaufmann die öffentlich-rechtliche Umweltverbindlichkeit durch mehrere Maßnahmen erfüllen kann, ändert sich nichts an dem Bestehen einer bilanzrechtlichen Schuld. Der Kaufmann weiß, daß er einen bestimmten Erfolg erzielen muß. Auch für zivilrechtliche Verpflichtungen muß der Kaufmann eine Rückstellung bilden, selbst wenn er noch nicht genau weiß, wie er sie erfüllen wird und was dies kostet. Für ungewisse öffentlich-rechtliche Verpflichtungen gilt nichts anderes, weil das Gesetz (§ 249 Abs.1 S.1 1.Alt. HGB) nicht zwischen ungewissen zivilrechtlichen und ungewissen öffentlich-rechtlichen Verbindlichkeiten unterscheidet. Welche Maßnahme der Kaufmann im einzelnen zu treffen hat, berührt die Frage der Bewertung der Verbindlichkeitsrückstellungen, nicht aber deren Ansatz.[196]

Also muß der Kaufmann zumindest in Höhe der billigsten geeigneten Maßnahme eine Rückstellung bilden, um seine Verbindlichkeiten vollständig darzustellen.

Der Vierte Senat beim Bundesfinanzhof verkennt diese "beachtlichen" Argumente nicht.[197] In dem der Entscheidung zugrundeliegenden Fall stand aber nicht fest, ob der Kaufmann überhaupt eine von mehreren Maßnahmen durchführen muß. Der Kaufmann darf nur dann eine Rückstellung bilden, wenn feststeht, daß er auf jeden Fall eine der in Betracht kommenden Maßnahmen durchführen

---

[195] BFH BStBl. 1978 II, 97 (98); BStBl. 1983 II, 670; BStBl. 1987 II, 848 (849); BStBl. 1989 II, 893 (894).
[196] *Bäcker* BB 1989, 2071 (2073); *Herzig* DB 1990, 1341 (1346); *Bordewin* DB 1992, 1097; *Bartels* BB 1992, 1095 (1098).
[197] BFH BStBl 1992 II, 600 (603): Rückstellungen für Uferschutzarbeiten.

muß.[198] Deshalb mußte der Senat die Frage nicht entscheiden, ob eine öffentlich-rechtliche Verpflichtung erst dann konkret und damit rückstellungsfähig ist, wenn sie ein genau bestimmtes Handeln vorschreibt, oder bereits dann, wenn lediglich der zu erreichende Erfolg, nicht aber die Maßnahmen im einzelnen feststehen.

Im Ergebnis gilt nichts anderes als bei ungewissen zivilrechtlichen Verbindlichkeiten. Für diese darf der Kaufmann auch nur dann eine Rückstellung bilden, wenn die Inanspruchnahme wahrscheinlich ist. Wenn nicht feststeht, ob die Behörde den Kaufmann später in Anspruch nehmen wird, darf der Kaufmann keine Rückstellung bilden. Wenn der Kaufmann hingegen mit einiger Wahrscheinlichkeit mit der Inanspruchnahme rechnen muß, muß er mit Hilfe einer Rückstellung entsprechende Vorsorge treffen.

Die öffentlich-rechtliche Umweltverbindlichkeit besteht also auch dann, wenn dem Kaufmann mehrere geeignete Maßnahmen zur Verfügung stehen, um einen bestimmten Erfolg zu erreichen. Für diese Verpflichtung muß der Kaufmann eine Rückstellung für ungewisse Verbindlichkeiten bilden.

bb) "Stand von Wissenschaft und Technik"

Öffentlich-rechtliche Umweltverbindlichkeiten knüpfen häufig an den jeweiligen "Stand von Wissenschaft und Technik" an. So fordert das Bundesimmissionsschutzgesetz von den Betreibern genehmigungspflichtiger Anlagen, Vorsorge gegen schädliche Umwelteinwirkungen durch die "dem Stand der Technik entsprechenden Maßnahmen zur Emissionsbegrenzung" (§ 5 Abs.1 Nr.2 BImSchG) zu treffen. Eine atomrechtliche Genehmigung darf nur erteilt werden, wenn die nach dem "Stand von Wissenschaft und

---

[198] *Herzig* DB 1990, 1341 (1345).

Technik" erforderlichen Vorsorgemaßnahmen gegen Schäden getroffen sind (§ 7 Abs.2 Nr.3 AtG). Die Entsorgung der atomaren Abfälle muß sich an dem "Stand von Wissenschaft und Technik" orientieren (§ 9a Abs.1 AtG).

Fraglich ist, ob eine solche Formulierung einer hinreichend konkreten Umweltverbindlichkeit entgegensteht. Der Kaufmann muß zunächst den "Stand der Technik" ergründen, bevor er weiß, ob er Umweltschutzmaßnahmen ergreifen muß.

Die Umweltverbindlichkeit ist aber auch dann rückstellungspflichtig, wenn sie nicht in allen Einzelheiten bestimmt, welche Maßnahmen der Kaufmann ergreifen muß. Bestünde eine Regelung, die die anzuwendenden Verfahren genau und technisch exakt beschriebe, so müßte sie in Hinblick auf die sich ständig verändernden technischen Möglichkeiten zwangsläufig scheitern.[199] Denn bei der kontinuierlichen Fortentwicklung von Umweltschutztechniken wäre eine genaue gesetzliche Regelung der einzelnen Umweltschutzmaßnahmen nicht sinnvoll.[200]

Nach Auffassung des Bundesverfassungsgerichts ist eine Regelung, die Maßnahmen des Bürgers zur Verhinderung zukünftiger Umweltschäden nach dem "jeweiligen Stand von Wissenschaft und Technik" fordert, mit dem verfassungsrechtlichen Erfordernis der Bestimmtheit eines Gesetzes vereinbar.[201] Nur durch eine solche Formulierung sei die im Umweltschutz erforderliche Flexibilität gesetzlicher Regelungen zu erreichen.[202]

---

[199] *Herzig* DB 1990, 1341 (1345).
[200] *Bartels* BB 1992, 1095 (1098).
[201] BVerfGE 49, (89) 133 ff. zu § 7 Abs.2 Nr.3 Atomgesetz.
[202] BVerfGE 49, 89 (136 f.); so auch *v.Münch/Breuer*, Besonderes Verwaltungsrecht^8, S.601 (615).

Bartels sieht sogar für den Fall, in dem ein Umweltschutzgesetz unter einer Vielzahl von Möglichkeiten, die zur Erfüllung der Umweltverbindlichkeit bereitstehen, eine auswählt und dem Adressaten damit genau vorschreibt, welchen Weg er nun zu gehen habe, einen Verstoß gegen das verfassungsrechtliche Verhältnismäßigkeitsprinzip. Es müsse dem Verpflichteten immer die Möglichkeit offenstehen, aus mehreren geeigneten Wegen den für ihn weniger belastenden auszuwählen.[203]

Für Rückstellungen für öffentlich-rechtliche Verbindlichkeiten reicht es aus, daß der Kaufmann sich einem Handlungszwang von außen nicht entziehen kann.[204] Dies ist auch dann der Fall, wenn ein Gesetz ein Verhalten fordert, daß sich am "neuesten Stand von Wissenschaft und Technik" orientiert. Auch in diesem Fall ist die öffentlich-rechtliche Verpflichtung konkret genug, so daß der Kaufmann für die mit der Erfüllung verbundenen Aufwendungen eine Rückstellung bilden muß.

b) Die Sanktionsdrohung

Eine rückstellungspflichtige öffentlich-rechtliche Umweltverbindlichkeit besteht dann, wenn der von der Regelung betroffenen Kaufmann für den Fall der Zuwiderhandlung mit einer Sanktion rechnen muß. Dies entspricht im wesentlichen der drohenden Inanspruchnahme bei zivilrechtlichen Verpflichtungen. Ansonsten bestünde kein konkreter Handlungszwang für den Kaufmann. Der äußere Zwang unterscheidet die rückstellungspflichtigen ungewissen Verbindlichkeiten von dem nicht rückstellungsfähigen innerbetrieblichen Aufwand.

---

[203] *Bartels* BB 1992, 1095 (1098).
[204] *Herzig* DB 1990, 1341 (1345).

Diese Rückstellungsvoraussetzung wirft auf dem Gebiet des Umweltschutzes aber keine Probleme auf, weil Verstöße gegen öffentlich-rechtliche Umweltschutzvorschriften in aller Regel mit einem Straf- oder Ordnungswidrigkeitsverfahren geahndet werden können.[205] Verstöße gegen die Vorschriften des Bundesimmissionsschutzgesetzes sind nach § 62 Abs.3 i.V.m. Abs.1 und 2 BImSchG, Verstöße gegen die Vorschriften des Abfallgesetzes nach § 18 Abs.2 i.V.m. Abs.1 AbfG, Verstöße gegen die Vorschriften des Wasserhaushaltsgesetzes nach § 41 Abs.2 i.V.m. Abs.1 WasserHG und Verstöße gegen das Atomgesetz nach § 46 Abs.2 i.V.m. Abs.1 AtG bußgeldbewehrt.

Dies verleiht den Umweltschutzvorschriften den nötigen Nachdruck und begründet so eine rückstellungsfähige und -pflichtige ungewisse Verpflichtung, der sich der betroffene Kaufmann nur unter Inkaufnahme der Strafe oder Buße entziehen könnte.

c) Die Nähe zum abgelaufenen Wirtschaftsjahr

Sofern sich eine öffentlich-rechtliche Verpflichtung nicht aus einem Verwaltungsakt sondern direkt aus dem Gesetz ergibt, ist sie nach Ansicht des Bundesfinanzhofs nur dann rückstellungsfähig, wenn sie dem Kaufmann ein genau bestimmtes Handeln innerhalb eines bestimmten Zeitraumes nach dem Bilanzstichtag vorschreibt.[206]

Nach Auffassung *Herzigs* führt diese von der Rechtsprechung geforderte Voraussetzung zu einer "Überkonkretisierung" von Rückstellungen für ungewisse öffentlich-rechtliche Verbindlichkeiten.[207]

---

[205] Vgl. *Bartels* BB 1992, 1095 (1098).
[206] BFH BStBl. 1980 II, 297 (298); BStBl. 1989 II, 893 (894).
[207] *Herzig* DB 1990, 1341 (1345).

Die Rechtsprechung leitet die Rückstellungsvoraussetzungen für öffentlich-rechtliche Verbindlichkeiten aus einem Spezialfall ab, nämlich der Verpflichtung zur Aufstellung des Jahresabschlusses.[208] Die dort entwickelten Grundsätze seien jedoch auf die Rückstellungsbildung für alle übrigen öffentlich-rechtlichen Verbindlichkeiten nicht übertragbar. Die "Überkonkretisierung" führe dazu, daß der Kaufmann für eine Reihe öffentlich-rechtlicher Verbindlichkeiten, insbesondere auf dem Gebiet des Umweltschutzes, keine Rückstellungen in seiner Steuerbilanz bilden dürfe, was letztlich einem Rückstellungsverbot gleichkäme.[209]

In der Tat deutet das Merkmal der "Nähe zum abgelaufenen Wirtschaftsjahr" auf eine Verknüpfung mit der Problematik der Rückstellungen für Jahresabschlußkosten. Nach den strengen Konkretisierungsvoraussetzungen der Rechtsprechung besteht für eine Ungewißheit dem Grunde nach kein Raum.[210] Eine solche Einschränkung läßt sich dem Gesetz nicht entnehmen. § 249 Abs.1 S.1 HGB unterscheidet nicht zwischen zivil- und öffentlich-rechtlichen ungewissen Verbindlichkeiten. Deshalb kann in Hinblick auf eine hinreichende Konkretisierung für ungewisse öffentlich-rechtliche Verbindlichkeiten letztlich nichts anderes gelten, als für ungewisse zivilrechtliche Verbindlichkeiten. Für jene muß der Kaufmann eine Rückstellung passivieren, wenn sie entweder der Höhe nach und/oder dem Grunde nach zum Bilanzstichtag noch ungewiß sind.[211] Unbestimmtheit hinsichtlich des Erfüllungszeitpunkts schließt die bilanzielle Berücksichtigung zivilrechtlicher ungewisser Verbindlichkeiten nicht aus.[212] Für ungewisse öffentlich-rechtliche Verbindlichkeiten gilt nichts anderes.

---

[208] BFH Urteil vom 20.3.1980 BStBl. 1980 II, 297.
[209] *Herzig* DB 1990, 1341 (1345); *Bartels* BB 1992, 1095 (1096).
[210] *Günkel* StbJb 1990/91, 97 (110); *Herzig* DStJG 14 (1991), 199 (228); *Bartels* BB 1992, 1095 (1097).
[211] BFH BStBl. 1987 II, 845 (846); *Schmidt*, EStG[11], § 5 Anm.39.
[212] *Bordewin* DB 1992, 1097 (1098).

Auch der Bundesfinanzhof hält nicht mehr streng an dem Konkretisierungsmerkmal "Nähe zum abgelaufenen Wirtschaftsjahr" fest. In einer neueren Entscheidung ist er der Auffassung, es dürfe die Bildung für Rückstellungen für Rekultivierungs- oder Entfernungsverpflichtungen nicht mit der Begründung versagt werden, die Maßnahme sei erst nach mehreren Jahren durchzuführen.[213] Eine öffentlich-rechtliche Verpflichtung ist also auch dann rückstellungsfähig und -pflichtig, wenn die Erfüllung nicht im unmittelbaren zeitlichen Zusammenhang mit dem abgeschlossenen Wirtschaftsjahr steht.

Es bleibt festzuhalten, daß sich eine Reihe von Verpflichtungen auf dem Gebiet des Umweltschutzes unmittelbar aus dem Gesetz oder einer Rechtsverordnung ableiten lassen. Dem Kaufmann wird, meist unter Androhung einer Geldbuße, ein bestimmtes Verhalten auferlegt. Für die Aufwendungen in Verbindung mit der Erfüllung solcher Umweltverbindlichkeiten muß der Kaufmann Rückstellungen bilden.

3. Einzelne Verpflichtungstatbestände

Im Umweltschutzrecht sind viele Bereiche speziell geregelt. Das trifft beispielsweise für die Abfallvermeidung, den Immissionsschutz, den Gewässerschutz und den Strahlenschutz zu. In diesen Bereichen werden besondere Genehmigungsverfahren und spezielle Eingriffsmöglichkeiten der zuständigen Behörden geregelt.

Diese Umweltschutzgesetze enthalten aber auch Verpflichtungstatbestände, die zu ungewissen Verbindlichkeiten führen. Ob der Kaufmann für diese Umweltverbindlichkeiten mit Hilfe von Rückstellun-

---

[213] BFH BStBl. 1992 II, 600 (603) unter Hinweis auf frühere Urteile.

gen bilanziell Vorsorge treffen muß, ist anhand der oben aufgeführten Rückstellungsvoraussetzungen für ungewisse öffentlich-rechtliche Verbindlichkeiten zu prüfen.

a) Abfallvermeidung und Abfallbeseitigung

Auf dem Gebiet der Abfallvermeidung und -beseitigung bestehen unmittelbare Umweltschutzverpflichtungen für den Kaufmann auf Grund der vielfältigen Bestimmungen des Abfallgesetzes. Der Kaufmann, in dessen Betrieb Abfälle anfallen, ist verpflichtet, diese zu entsorgen (§§ 2, 4 AbfG). Spezielle Regelungen enthält das Abfallgesetz für die Entsorgung von Altöl (§§ 5a, 5b AbfG). Verstöße gegen die im Abfallgesetz geregelte Entsorgung problematischer Abfälle können als Ordnungswidrigkeit mit einer Geldbuße bis zu hunderttausend Deutsche Mark geahndet werden (§ 18 Abs.1 Nr.1-2a i.v.m. § 18 Abs.2 AbfG).

Für den Kaufmann ergibt sich also eine klare Handlungsverpflichtung, die auch zwangsweise (Geldbuße) durchgesetzt werden kann. Aufwendungen im Zusammenhang mit der Entsorgung von Abfällen sind hinreichend konkret und folgen unmittelbar aus dem Gesetz. Soweit sie der Höhe nach ungewiß sind, muß der Kaufmann für sie eine Rückstellung bilden.

Nicht rückstellungsfähig ist hingegen die Verpflichtung zur Abfallvermeidung (§ 1a AbfG). Sie enthält lediglich eine Empfehlung, die den Zweck des Gesetzes näher umschreibt. Für denjenigen, der statt Abfall zu vermeiden, immer mehr Abfall produziert, ergeben sich unmittelbar aus dem Abfallgesetz keine sanktionierten Verpflichtungen. Gleichwohl folgt eine Vermeidungsverpflichtung mittelbar aus § 5 Abs.1 Nr.3 BImSchG. Der Kaufmann, der eine genehmigungspflichtige Anlage betreibt, ist verpflichtet, Reststoffe zu vermeiden, die im laufenden Betrieb anfallen. Nur dann erteilt ihm die zuständige Behörde die erforderliche Inbetriebnahmegenehmigung (§ 6 Nr.1 BImSchG). Erfüllt der Kaufmann seine Verpflichtung nicht, kann die Behörde den Betrieb der entsprechende Anlage untersagen, oder die Anlage stillegen (§ 20 BImSchG).

b) Die Verpackungsverordnung

Eine öffentlich-rechtliche Umweltverbindlichkeit muß nicht unbedingt auf Gesetz beruhen. Sie kann sich auch aus einer Rechtsverordnung ergeben.

Mit dem Ziel, Abfall zu vermeiden, werden zunehmend Rückgabe- und Rücknahmeverpflichtungen für Abfälle relevant. Die Bundesregierung ist ermächtigt, zur Abfallvermeidung Rechtsverordnungen zu erlassen (§ 14 AbfG). In der Vergangenheit hat sie auf diesem Wege unter anderem die Rücknahme von Altöl,[214] von Getränkeverpackungen aus Kunststoffen[215] und von gebrauchten halogenhaltigen Lösungsmitteln[216] geregelt.

Neu ist die Verordnung über die Vermeidung von Verpackungsabfällen (Verpackungsverordnung)[217]. Gegenstand der Verpackungsverordnung ist eine Rücknahmeverpflichtung für eine genau beschriebene Gruppe von Transportverpackungen. Die Verpflichtung ist öffentlich-rechtlicher Natur. Sie wirkt allein im Verhältnis Staat-Bürger, nicht aber im Verhältnis Endverbraucher-Unternehmer.[218] So kann der Endabnehmer von dem Vertreiber einer Ware nicht verlangen, daß dieser die Ware zurücknimmt. Gleichwohl auf

---

[214] Altölverordnung vom 27.10.1987 BGBl. I S.2335.
[215] Verordnung über die Rücknahme und Pfanderhebung von Ge-tränkeverpackungen aus Kunststoffen vom 20.12.1988 BGBl.I S.2455.
[216] Verordnung zur Entsorgung halogenhaltiger Lösungsmittel vom 23.10.1989 BGBl. I S.1918.
[217] Vom 12.6.1991 BGBl. I S.1234.
[218] *Fluck* DB 1992, 193 (195).

das Betriebsgelände verbrachter Transportabfall stellt eine unzulässige Ablagerung von Abfall dar (§ 18 Abs.1 Nr.1 AbfG) und erfüllt zudem den Tatbestand des § 1004 BGB.[219] Die Rücknahmeverpflichtung durchzusetzen ist allein Aufgabe der zuständigen Abfallbehörde, die einen Verstoß gegen die Rücknahmeverpflichtung als Ordnungswidrigkeit verfolgen kann (§ 12 der Verordnung). Die Rücknahmeverpflichtung richtet sich sowohl an den Hersteller als auch an den Vertreiber von Waren. Problematisch ist zum einen die Festlegung des Ortes der Rücknahme, zum anderen stellt sich die Frage nach der Zulässigkeit von zvilrechtlichen Abreden unter den zur Rücknahme Verpflichteten.[220] Die Rücknahmeverpflichtung als solche kann nicht durch vertragliche Regelungen ausgeschlossen werden.[221]

Der bilanzierende Hersteller oder Vertreiber kann sich auf Grund der Sanktionsbedrohung (§ 12 der Verordnung) der Verpflichtung nicht entziehen. Für Aufwendungen im Zusammenhang mit der Verpflichtung, etwa die Einrichtung einer Sammelstelle für zurückgegebene Verpackungen, muß der Kaufmann eine Rückstellung bilden, wenn die Aufwendungen der Höhe nach ungewiß sind.

c) Die immissionsschutzrechtliche Nachsorgeverpflichtung

Im Immissionsschutzrecht besteht eine Nachsorgeverpflichtung des Kaufmanns für den Fall der Betriebsstillegung. Danach hat der Betreiber einer genehmigungspflichtigen Anlage im Sinne des Bundesimmissionsschutzgesetzes sicherzustellen, daß auch nach Betriebseinstellung von der Anlage keine Gefahren für die Allgemeinheit

---

[219] *Fluck* DB 1992, 193 (195).
[220] Dazu im einzelnen: *Flanderka/Winter* BB 1992, 149 (150 f.); *Fluck* DB 1992, 193 (196).
[221] *Flanderka/Winter* BB 1992, 149 (153).

hervorgerufen werden können und daß vorhandene Reststoffe ordnungsgemäß und schadlos verwertet oder beseitigt werden (§ 5 Abs.3 BImSchG).

Beabsichtigt der Kaufmann, die Anlage stillzulegen, so muß er dies der zuständigen Behörde anzeigen. Aus den im Rahmen dieser Anzeige vorgelegten Unterlagen muß im einzelnen hervorgehen, mit welchen Maßnahmen der Kaufmann gedenkt, seine Nachsorgeverpflichtungen nach § 5 Abs.3 BImSchG zu erfüllen (§ 16 Abs.2 BImSchG).[222]

Für den Kaufmann ergibt sich also bei geplanter Betriebsstillegung eine konkrete Sanierungsverpflichtung unmittelbar aus dem Gesetz. Diese Verpflichtung braucht nicht erst durch einen Verwaltungsakt konkretisiert zu werden, weil für den Kaufmann nunmehr offensichtlich ist, daß er zur Sanierung verpflichtet ist.[223]

Für die mit dieser Verpflichtung verbundenen Aufwendungen muß der Kaufmann eine Rückstellung bilden.

V. Ergebnis zu § 6

Der Kaufmann muß für ungewisse zivilrechtliche Umweltverbindlichkeiten und für ungewisse öffentlich-rechtliche Umweltverbindlichkeiten gleichermaßen Verbindlichkeitsrückstellungen bilden.

Wie bei Rückstellungen für ungewisse zivilrechtliche Umweltverbindlichkeiten ist auch bei öffentlich-rechtlichen Umweltschutzrückstellungen die Frage nach dem Passivierungszeitpunkt relevant.

---

[222] Fluck BB 1991, 1797 (1802).
[223] *Fluck* BB 1991, 176 (177).

Entscheidend ist allein, ob die Umweltverbindlichkeit hinreichend konkret ist.

Dies ist jedenfalls dann der Fall, wenn die Behörde den Kaufmann durch einen Verwaltungsakt für entsprechende Maßnahmen in Anspruch genommen hat. Rechtsfehler des Verwaltungsakts berühren dabei die Rückstellung nicht. Ebenso konkret ist auch die Verpflichtung auf Grund eines öffentlich-rechtlichen Vertrags.

Eine konkrete öffentlich-rechtliche Umweltverbindlichkeit kann sich aber auch unmittelbar aus dem Gesetz ergeben. Dabei halten die von der Rechtsprechung für ungewisse öffentlich-rechtliche Verbindlichkeiten aufgestellten besonderen Rückstellungsvoraussetzungen einer näheren Prüfung nicht stand.-

§ 7 Rückstellungen für faktische Umweltverbindlichkeiten

Der Umweltschutz genießt in der Öffentlichkeit zunehmenden Stellenwert. Eine einmal öffentlich bekannt gewordene Umweltschädigung kann für den verursachenden Kaufmann negative Folgen haben. Eine "schlechte Presse" zeigt ihre negative Wirkung in Umsatzeinbußen und Imageverlusten bis hin zur drohenden Betriebseinstellung.

Dabei kann der Druck in der Öffentlichkeit (Presse, Medien, Bürgerinitiativen) in Einzelfällen so stark sein, daß dem Kaufmann keine andere Möglichkeit bleibt, als die entsprechenden Umweltschutzmaßnahmen durchzuführen, um den normalen Geschäftsbetrieb aufrechtzuerhalten. Fraglich ist, ob der Kaufmann für solche faktischen Umweltschutzrückstellungen Verbindlichkeitsrückstellungen bilden darf.

I. Beispielsfall

Auf einer Deponie werden giftige Abfälle entdeckt, die auf gesonderte Weise hätten entsorgt werden müssen. Der Kaufmann, aus dessen Betrieb die Abfälle stammen, hat die Abfälle richtigerweise als Sondermüll ausgezeichnet. Der Betreiber der Deponie lagert die Abfälle jedoch ab, ohne die nötigen Sicherungsmaßnahmen zu ergreifen. Dadurch droht nun eine Verseuchung des Grundwassers. In der Öffentlichkeit wurde der Vorgang bekannt. Die örtliche Presse und eine unter den Anwohnern der Deponie gegründete Bürgerinitiative fordern den Kaufmann auf, die Sanierungskosten zu tragen, schließlich handele es sich um Abfälle seines Unternehmens. Der Kaufmann, der seit Jahren um den Umweltschutz bemüht ist und unter anderem mit Umweltschutzmaßnahmen erfolgreich für seine

Produkte wirbt, erklärt sich schließlich in der Öffentlichkeit dazu bereit, die Sanierung auf eigene Kosten durchzuführen. Für die in Zukunft anstehenden Sanierungskosten bildet er eine Verbindlichkeitsrückstellung.[224]

Der Kaufmann ist weder zivilrechtlich noch auf Grund öffentlich-rechtlicher Vorschriften verpflichtet, die Sanierungsmaßnahmen durchzuführen. Er hat den Sondermüll ordnungsgemäß deklariert und der Entsorgung zugeführt. Das Verschulden liegt ausschließlich bei dem Betreiber der Deponie, der den Sondermüll vertragswidrig ablagerte.

Aber auch wenn keine rechtliche Sanierungsverpflichtung des Kaufmanns besteht, kann sich eine rückstellungspflichtige Umweltverbindlichkeit noch aus faktischen Zwängen ergeben.

II. Wirtschaftliche Umweltverbindlichkeiten

Faktische Verpflichtungen sind solche, deren Erfüllung sich der Kaufmann nicht entziehen kann obwohl er rechtlich dazu nicht verpflichtet ist.[225]

Dazu gehören "sittliche"[226] und "wirtschaftliche" Verpflichtungen, denen ein Unternehmer aus geschäftlichen Gründen nachkommen will, obwohl kein gerichtlich durchsetzbarer Anspruch gegen ihn besteht.[227]

---

[224] Beispiel nach *Günkel* StbJb. 1990/91, 97 (104).
[225] *Clemm/Nonnenmacher* in Beck'scher Bilanzkommentar^2, § 249 HGB Rdnr.36.
[226] BFH BStBl. 1963 III, 113.
[227] *Clemm/Nonnenmacher* in Beck'scher Bilanzkommentar^2, § 249 HGB Rdnr.36, 37: etwa bei einer "Schmiergeldzusage", oder bei einer verjährten Verbindlichkeiten, die der Kaufmann trotzdem erfüllen will.

Auf dem Gebiet des Umweltschutzes gibt es viele Organisationen und Gruppierungen, die sich dem örtlichen oder überregionalen Umweltschutz verschrieben haben und dieses Ziel mit derartigem Nachdruck verfolgen, daß der einzelne Kaufmann Sachzwängen ausgesetzt ist, die durchaus mit staatlicher Gewalt vergleichbar sind.[228] In jedem Einzelfall ist gesondert zu prüfen, ob der Kaufmann sich diesen Zwängen nicht entziehen kann, ohne sein Unternehmen ernstlich zu gefährden.[229]

Beispielsweise ist die Absetzung chemischer Produkte angesichts des großen öffentlichen Interesses am Umweltschutz eng mit dem Ansehen des jeweiligen Unternehmens verbunden. Aus diesem Grunde werben die Unternehmen der chemischen Industrie, die in der Öffentlichkeit als "Umweltsünder" gelten, in zunehmenden Maße mit umweltfreundlichen Fertigungsmethoden oder umweltgerechter Entsorgung zwangsläufig anfallender Abfallprodukte. Umweltschutzmaßnahmen werden häufig auch ohne rechtliche Verpflichtung durchgeführt. So verpflichten sich die Mitgliedsfirmen des Verbandes der chemischen Industrie, ohne gesetzliche und behördliche Auflagen aus eigener Initiative und Verantwortung den Umweltschutz zu betreiben.[230]

Der Zusammenhang zwischen "schlechter Presse" und Umsatzeinbußen ist offensichtlich. Ein Unternehmen, das in der Öffentlichkeit in Mißkredit geraten ist, wird gegen andere Unternehmen im Wettbewerb nicht bestehen können. Um so mehr fällt ins Gewicht, wenn das öffentliche Bild eines Unternehmens in seiner bisherigen Werbung als besonders umweltfreundlich erscheint, und der Absatz von Produkten mit diesem Bild eng verbunden ist.

---

[228] *Becker* JbFfSt. 1987/88, 108.
[229] *Christiansen* JbFfSt. 1987/88, 109.
[230] Umweltbericht 1988/89 des Verbandes der chemischen Industrie, Frankfurt/Main 1989, S.57.

In diesem Fall ist der Kaufmann aus wirtschaftlichen Gründen verpflichtet, Umweltschutzmaßnahmen durchzuführen. Wann aber besteht nicht nur eine betriebswirtschaftliche Verpflichtung des Unternehmens "gegen sich selbst"[231] sondern sogar eine faktische Verbindlichkeit, für die der Kaufmann eine Verbindlichkeitsrückstellung bilden muß.

III. Vergleich mit Kulanzrückstellunngen

Im Bilanzrecht steht eine faktische Verpflichtung einer rechtlichen Verpflichtung gleich.[232] Beide Verbindlichkeiten muß der Kaufmann bilanziell berücksichtigen, will er nicht gegen das Vollständigkeitsgebot (§ 246 Abs.1 HGB) verstoßen.

Ob der Kaufmann auch für faktische Umweltverbindlichkeiten eine Verbindlichkeitsrückstellung bilden muß, ist bislang höchstrichterlich noch nicht entschieden.[233] Es gilt hier aber nichts anderes als für Rückstellungen für andere faktische Verpflichtungen.

Gesetzlich geregelt sind Rückstellungen für die Gewährleistungen, die ohne rechtliche Verpflichtung erbracht werden (§ 249 Abs.1 S.2 Nr.2 HGB). Bei diesen sogenannten Kulanzrückstellungen handelt es sich aber auch um Verbindlichkeitsrückstellungen, weil § 249 Abs.1 S.1 HGB nicht nur rechtliche sondern auch faktische ungewisse Verbindlichkeiten erfaßt.[234] Der Regelung des § 249 Abs.1

---

[231] BFH BStBl. 1972 II, 392 (396).
[232] *Groh* StbJb. 1979/80, 121 (136); *Schmidt*, EStG[11], § 5 Anm.39a; *Clemm/Nonnenmacher* in Beck'scher Bilanzkommentar[2], § 249 HGB Rdnr.36.
[233] *Günkel* StbJb. 1990/91, 97 (104).
[234] *Döllerer* BB 1965, 1405 (1410) und DStR 1979, 3 (4); *Adler/Düring/Schmaltz*, Rechnungslegung und Prüfung der Unternehmen[5], § 249 HGB Rdnr.55; a.A. *Esser* StbJb. 1984/85, 151 (158).

S.1 Nr.2 HGB hätte es also nicht bedurft.[235] Es handelt sich lediglich um eine Klarstellung.[236]

Kann sich der Kaufmann aus tatsächlichen Gründen einer Kulanzleistung nicht entziehen, muß er Rückstellungen für ungewisse Verbindlichkeiten bilden. Weil Umweltschutzrückstellungen keinen eigenen Tatbestand innerhalb der Verbindlichkeitsrückstellungen bilden, muß der Kaufmann auch für faktische Umweltverbindlichkeiten eine Verbindlichkeitsrückstellung bilden.

Voraussetzung ist, daß es sich bei den faktischen Umweltverbindlichkeiten nicht nur um freiwillig durchzuführende Umweltschutzmaßnahmen oder lediglich um Verpflichtungen des Kaufmanns "gegen sich selbst"[237] handelt.

1. Abgrenzung zu Aufwandsrückstellungen und freiwilligen Umweltschutzmaßnahmen

Die Abgrenzung zu reinen Aufwandsrückstellungen besteht bei Kulanzrückstellungen darin, daß sich der Kaufmann bei diesen nicht durch geschäftliche Umstände gezwungen fühlt, die Verpflichtung auch ohne Rechtsgrund zu erfüllen.[238] Wenn die Aufwendungen ihren Grund nicht in einer tatsächlichen Verpflichtung finden, sondern vielmehr Ausdruck allgemeiner Kundenpflege oder der Werbung sind, darf der Kaufmann für sie keine Rückstellung in seiner Steuerbilanz bilden.[239]

---

[235] *Clemm/Nonnenmacher* in Beck'scher Bilanzkommentar², § 249 HGB Rdnr. 112.
[236] *Döllerer* BB 1965, 1405 (1410) zu § 152 Abs.7 AktG 1965.
[237] BFH BStBl. 1972 II, 392 (396).
[238] *Herrmann/Heuer/Raupach*, EStG, § 5 Anm.620.
[239] *Herrmann/Heuer/Raupach*, EStG, § 5 Anm.620.

§ 7 Faktische Umweltverbindlichkeiten

Die Frage, wann der faktische Zwang auf den Kaufmann so stark ist, daß er sich ihm nicht entziehen kann, ist unter objektiven Gesichtspunkten aus der Sicht eines ordentlichen Kaufmanns zu beurteilen.[240] Dabei kommt es aber nicht darauf an, ob der Kaufmann auch in der Vergangenheit in ähnlichen Fällen eine Kulanzleistung erbracht oder eine Umweltverbindlichkeit erfüllt hat.[241] Maßgeblich sind allein die Umstände zum Bilanzstichtag, die von denen der Vergangenheit abweichen können.[242]

Passivierungspflichtig ist also eine faktische Verpflichtung, "der sich der Unternehmer nicht entziehen zu können glaubt",[243] nicht aber eine Verpflichtung, der sich der Unternehmer nicht entziehen möchte, selbst wenn er dies unter Inkaufnahme leichter wirtschaftlicher Nachteile könnte.

Die anhand von Kulanzrückstellungen entwickelten Bilanzierungsgrundsätze, sind auch auf faktische Umweltverbindlichkeiten anwendbar. Bei Umweltverbindlichkeiten ist zu unterscheiden zwischen solchen, die der Kaufmann auf Grund betriebswirtschaftlicher Überlegungen ohnehin ergreifen müßte, und solchen, die sich aus einer (faktischen) Verpflichtung gegenüber Dritten ergeben. Nur im letzten Fall darf und muß er eine Verbindlichkeitsrückstellung bilden.

Unschädlich ist, wenn von der Rückstellung eine innerbetriebliche Verpflichtung mit umfaßt wird.[244] Sobald eine konkrete Verpflichtung des Kaufmanns besteht, ist es nicht mehr seinem Willen überlassen, die entsprechende Umweltschutzmaßnahme durchzu-

---

[240] BFH BB 1991, 507 (508) = NJW 1991, 1890.
[241] So aber BFH BStBl. 1963 III, 113 zu Kulanzrückstellungen.
[242] *Herrmann/Heuer/Raupach*, EStG, § 5 Anm. 620.
[243] BFH BStBl. 1963 III, 113.
[244] Anderer Ansicht *Christiansen* StBp. 1987, 195 f.

führen.[245] Im Einzelfall ist zu prüfen, ob der Kaufmann tatsächlich einem Druck von außen ausgesetzt ist, der ihn dazu zwingt, die Umweltschutzmaßnahmen zu ergreifen.

Im Beispielsfall besteht ein großer Druck seitens der Öffentlichkeit. Weigerte sich der Kaufmann in einem solchen Fall, die Umweltschutzmaßnahme durchzuführen, so würde dies zwangsläufig erheblich wirtschaftliche Nachteile für sein Unternehmen bedeuten. Wer mit Umweltschutz wirbt, kann es sich nicht leisten, als "Umweltsünder" bekannt zu werden.

Die Tatsache, daß ein Kaufmann mit spektakulären und in der Öffentlichkeit bekannten Umweltschutzmaßnahmen auch Vorteile für das eigene Ansehen erlangt, die weit über eine "Wiedergutmachung" hinaus gehen können, hat in Fällen faktischer Verpflichtungen lediglich untergeordnete Bedeutung. Zwar erlangt der Kaufmann durch die Ankündigung und spätere Durchführung der Umweltschutzmaßnahmen einen Werbevorteil gegenüber anderen Anbietern. Auch mag eine solche Aktion aus betriebswirtschaftlichen Gründen geplant sein. Darauf kommt es letztlich aber nicht an.

Entscheidend ist nur, ob eine faktische Verpflichtung zum Bilanzstichtag besteht, die der Kaufmann in seiner Vermögensaufstellung auch als solche berücksichtigen muß.

Nicht rückstellungsfähig und -pflichtig und von faktischen Umweltverbindlichkeiten zu unterscheiden sind Aufwendungen für freiwillige Umweltschutzmaßnahmen.[246] Bei freiwilligen Umweltschutzmaßnahmen besteht für den Kaufmann überhaupt keine Verpflich-

---

[245] *Herzig,* DStJG 14 (1991), 199 (228 f.).
[246] *Luig* BB 1992, 2180 (2183).

tung. Er ist weder auf Grund rechtlicher Normen oder auf Grund eines Vertrages verpflichtet, noch besteht eine Verpflichtung faktischer Art.

2. Wirtschaftliche Verursachung der faktische Umweltverbindlichkeit

Rückstellungen muß der Kaufmann für die ungewissen Verbindlichkeiten bilden, die entweder rechtlich entstanden, oder, bei künftig entstehenden Verbindlichkeiten, wirtschaftlich in vorangegangenen Wirtschaftsjahren verursacht sind.[247]

Für faktische Umweltverbindlichkeiten darf nichts anderes als für künftig entstehende Verpflichtungen gelten. Die faktische Umweltverbindlichkeit muß also in vorausgegangenen Wirtschaftsjahren wirtschaftlich verursacht sein. Der Bundesfinanzhof knüpft die wirtschaftliche Verursachung an die Verwirklichung wirtschaftlich wesentlicher Tatbestandsmerkmale.[248] Für faktische Umweltverbindlichkeiten gibt es aber keine Tatbestandsmerkmale. Die Besonderheit liegt gerade darin, daß es sich nicht um rechtliche, sondern um faktische Verpflichtungen handelt.

Rückstellungen für Kulanzleistungen darf der Kaufmann nur dann bilden, wenn sie mit vorangegangenen Lieferungen oder sonstigen Leistungen im Zusammenhang stehen.[249]

---

[247] BFH BStBl. 1983 II, 670; BStBl. 1987 II, 848 (849); BStBl. 1992 II, 336 (337).
[248] BFH BStBl. 1987 II, 848 (849).
[249] *Clemm/Nonnenmacher* in Beck'scher Bilanzkommentar², § 249 HGB Rdnr.113.

Auch für ungewisse faktische Umweltverbindlichkeiten darf der Kaufmann nur dann eine Verbindlichkeitsrückstellung bilden, wenn die Aufwendungen im wirtschaftlichen Zusammenhang mit abgelaufenen Wirtschaftsjahren stehen.[250]

IV. Ergebnis zu § 7

Sowohl für rechtliche als auch für faktische Umweltverbindlichkeiten muß der Kaufmann Verbindlichkeitsrückstellungen bilden. Für faktische Umweltverbindlichkeiten gilt dabei nichts anderes als für andere faktische Verpflichtungen, etwa den Kulanzverpflichtungen.

Die faktische Umweltverbindlichkeit muß einiges Gewicht haben und in ihrer Intensität mit einer rechtlichen Verpflichtung vergleichbar sein. Lediglich zeitweise wirkende Beeinträchtigungen reichen nicht aus Im Umweltschutzbereich ist in diesem Zusammenhang die öffentliche Meinung (beeinflußt durch Medien, Presse usw.) von großer Bedeutung. Eine ebenso große Rolle spielen aber auch regionale und überregionale Umweltschutzorganisationen.

Für freiwillige Umweltschutzmaßnahmen darf der Kaufmann keine Rückstellung bilden. Aufwendungen, die ausschließlich innerbetrieblich veranlaßt sind, berechtigen nicht zur Bildung einer Verbindlichkeitsrückstellung. Unschädlich ist aber ein positiver Werbeeffekt, der mit der Erfüllung der faktischen Verpflichtung einhergehen kann.

---

[250] *Moxter*, Bilanzrechtsprechung², S.49; *Herzig* DB 1990, 1341 (1346); *Günkel* StbJb. 1990/91, 97 (107).

3. Abschnitt:

Rückstellungen für Altlastensanierung und öffentlich-rechtliche Anpassungsverpflichtung

Die Diskussion um Umweltschutzrückstellungen betrifft vor allem die Verpflichtung zur Sanierung von Altlasten und die Anpassungsverpflichtungen auf Grund öffentlich-rechtlicher Umweltschutznormen.

§ 8 Rückstellungen für Altlastensanierung

Die Frage nach rückstellungsfähigen Umweltschutzverpflichtungen stellt sich insbesondere bei der Beseitigung vorhandener Umweltschäden, sogenannter "Altlasten".

I. Das Umweltproblem "Altlasten"

"Altlasten - jeder quält sich damit herum; jeder weiß worum es sich handelt. Aber worum handelt es sich eigentlich?"[251]

1. Der Begriff "Altlast"

In Ermangelung einer allgemein verbindlichen Definition[252] versteht man unter dem Begriff der "Altlast" eine gefahrenträchtige

---

[251] *Diederichsen* BB 1986, 1723.
[252] Vgl. z.B. die Definitionen in § 28 Abs.1 LAbfG NW (v.21.6.1988 GV NW S.250) und § 16 Abs.2 HAbfAG (v.10.7.1989 GVBl. Hessen I S.198).

Verunreinigung, die entweder auf eine frühere industrielle Produktion oder auf die Ablagerungen von Abfallstoffen zurückzuführen ist.[253]

Verunreinigung bedeutet eine Stoffanreicherung in oder auf dem Boden, die zu einer Schädigung der Umwelt, insbesondere zu einer Gefährdung der Nutzbarkeit des Grundwassers führen kann.[254]

Bei den Umweltbelastungen handelt es sich um "Alt"-Lasten, weil sie bereits in früheren Jahren verursacht wurden.[255] Viele dieser Altlasten werden erst in heutiger Zeit entdeckt. Andere Verunreinigun-gen sind zwar seit langem bekannt, ihre Gefährlichkeit für die Umwelt und damit die für die Gesundheit der Bevölkerung haben die Beteiligten bislang jedoch falsch eingeschätzt. So in den Fällen, in denen sich auf Grund neuer naturwissenschaftlicher Erkenntnisse ein bislang als harmlos eingestufter Stoff als umwelt- und gesundheitsgefährdent herausstellt (Beispiel: Asbesteinbau in Gebäuden).

Der Kaufmann kann viel zur Vermeidung von Umweltschäden als Folge industrieller Produktion tun. Völlig ausschließen kann er sie aber nicht. So läßt sich beispielsweise bei bestimmten industriellen Verarbeitungsmethoden nicht hundertprozentig vermeiden, daß giftige Flüssigkeiten und Gase in das Gebäude und den Boden des Betriebsgeländes eindringen.[256] Kein Kaufmann weiß bereits heute, welche Produktionsmittel sich in den nächsten Jahren als besonders umweltschädlich erweisen. Derjenige, der einen stillgelegten Betrieb erwirbt um ihn weiterzuführen, oder um auf dem Grundstück einen neuen Betrieb zu errichten, kann nicht mit

---

[253] *Herzig* Wpg. 1991, 610.
[254] *Bäcker* BB 1989, 2071
[255] Zum zeitlichen Aspekt *Schwachheimer*, Unternehmenshaftung für Altlasten, S.10 ff.
[256] *Bäcker* BB 1989, 2071 (2072) am Beispiel von Galvanisierungsbetrieben.

völliger Sicherheit ausschließen, daß eine Sanierung des Grundstücks dringend geboten erscheint und er für diese Sanierung in Anspruch genommen wird.

Die Situation ist mit einem bekannten Kinder-Kartenspiel vergleichbar, bei dem derjenige verloren hat, der als letzter die ungeliebte Karte in der Hand hält. Der Unterschied dazu besteht jedoch darin, daß für denjenigen, der ein mit Altlasten verunreinigtes Grundstück erwirbt, die Angelegenheit in der Regel weniger glimpflich verläuft.[257]

Was die Anzahl der Bodenflächen betrifft, bei denen der Verdacht für eine Altlast besteht, geht die Bundesregierung von ca. 50.000 Flächen auf dem Gebiet der alten Bundesländer aus.[258] Dabei kann vor allem die Sanierung von belasteten Grundstücken, die in der Vergangenheit durch den Betrieb einer industriellen Anlage oder die unsachgemäße Lagerung von Abfallstoffen verunreinigt wurden, eine große finanzielle Belastung darstellen. Die Kosten für die Sanierung einer einzelnen Altlast können dabei leicht mehrstellige Millionenbeträge erreichen.[259] So werden die für Sanierungsmaßnahmen in den alten Bundesländern anfallenden Kosten bis zum Jahre 2000 auf 70 Milliarden Deutsche Mark geschätzt.[260]

Für den Kaufmann stellt sich in diesen Fällen zunehmend die Frage, ob er für die zukünftigen finanziellen Belastungen eine bilanzielle Vorsorge treffen muß. Denkbar ist sowohl eine Teilwertabschreibung des verunreinigten Grundstücks als auch eine Rückstellung für die anstehende Sanierungsverpflichtung.

---

[257] "Schwarzer Peter" der 90er Jahre (*Michael/Thull* Beilage Nr. 30 zu BB Heft 24/1990, S.1).
[258] Bundestags-Drucksache XI/4104 S.3,4,25 u. XI/7168 S.163,165.
[259] *Bartels* BB 1992, 1095 (1099).
[260] *Eilers* DStR 1991, 101; *Bartels* BB 1992, 1095 (1099).

2. Die Altlastensanierung in den neuen Bundesländern

Die oben angesprochenen Probleme eröffenen sich in erhöhtem Maße für Kaufleute in den neuen Bundesländern.[261] Die großen Zahl von Altlasten-Standorten läßt dort viele vor Investitionen zurückschrecken, die das finanzielle Risiko der Altlastensanierung scheuen.[262]

Der Kaufmann in der ehemaligen Deutschen Demokratischen Republik konnte neben einer eventuellen spezialgesetzlichen Verantwortlichkeit auf Grund der allgemeinen volkspolizeilichen Generalnorm zur Gefahrenabwehr im Falle einer Umweltschädigung herangezogen werden. Nach § 9 des Gesetzes über die Aufgaben und Befugnisse der Deutschen Volkspolizei[263] konnte die Volkspolizei im Falle der Gefährdung oder Störung der öffentlichen Sicherheit oder Ordnung Verhaltens- und Zustandsstörer in Anspruch nehmen.[264] Dieses Gesetz wurde abgelöst von dem Polizeigesetz der Deutschen Demokratischen Republik, das noch vor der Wiedervereinigung in Kraft getreten ist und in den einzelnen Ländern als Landesgesetz fortgilt (Art.9 Abs.4 i.V.m. Abs.2 Einigungsvertrag[265]).[266] Da dieses Gesetz inhaltlich dem Musterentwurf eines einheitlichen Polizeigesetztes des Bundes und der Länder[267] nachgebildet wurde, werden die Rechtsfragen der Altlastensanierung in den neuen Bundesländern auch vorwiegend mit Hilfe der ordnungsbehördlichen Generalklausel gelöst.[268]

---

[261] *Crezelius* DB 1992, 1353.
[262] *Michael/Thull* Beilage Nr. 30 zu BB 24/1990, 1; *Dombert/Reichert* NVwZ 1991, 744.
[263] Vom 11.9.1968 GBl.I S.232 mit Änderungen.
[264] *Michael/Thull* Beilage Nr. 30 zu BB 24/1990, 1 (3).
[265] Vertrag zwischen der Bundesrepublik Deutschland und der Deutschen Demokratischen Republik über die Herstellung der Einheit Deutschlands vom 31.8.1990 BGBl. II S.889 (892).
[266] *Dombert/Reichert* NVwZ 1991, 744 (745).
[267] Beschluß der Innenministerkonferenz vom 11.6.1976; abgedruckt bei *Tettinger*, Besonderes Verwaltungsrecht², S.160 ff.
[268] *Dombert/Reichert* NVwZ 1991, 744 (745).

Um potentielle Erwerber von Grundstücken und betrieblichen Anlagen in den neuen Bundesländern nicht der Gefahr einer Inanspruchnahme für die Altlastensanierung auszusetzen, ist im Umweltrahmengesetz (URG) eine Freistellung von der Verantwortung zur Sanierung von Umweltschäden vorgesehen.[269] Die zuständigen Behörden stellen auf Antrag einen Erwerber einer Altanlage (§ 4 Abs.1 URG) von der öffentlich-rechtlichen Verantwortung zur Sanierung frei, wenn dies unter Berücksichtigung der Interessen der Allgemeinheit geboten erscheint (§ 4 Abs.2 URG).

Für zukünftige Altlastensanierungen wurden in den D-Mark-Eröffnungsbilanzen der Betriebe in den neuen Bundesländern erhebliche Rückstellungen gebildet.[270] Die Voraussetzungen sind dabei die gleichen, wie in den alten Bundesländern. Rückstellungen darf der Kaufmann nur dann bilden, wenn eine konkrete Sanierungsverpflichtung besteht. Fraglich ist, ob dafür ein Verwaltungsakt erforderlich ist, oder ob es auch Fälle gibt, in denen ohne Verwaltungsakt eine konkrete Sanierungsverpflichtung besteht.

II. Die Verpflichtung zur Altlastensanierung

Eine Verpflichtung zur Beseitigung von Umweltschäden kann sich sowohl aus zivilrechtlichen Vereinbarungen und Haftungsvorschriften, als auch aus öffentlichem Recht ergeben.

1. Zivilrechtliche Sanierungsverpflichtung

Die öffentlich-rechtliche Inanspruchnahme ist nur eine Handlungsform der öffentlich-rechtlichen Körperschaften, der Altlastenproble-

---

[269] Dazu im einzelnen: *Dombert/Reichert* NVwZ 1991, 744 ff.
[270] Frankfurter Allgemeine Zeitung vom 9.4.1992.

matik zu begegnen.²⁷¹⁾ Vielfach sind Sanierungsverpflichtungen auch Gegenstand öffentlich-rechtlicher oder zivilrechtlicher Verträge.²⁷²⁾

Sofern der Kaufmann auf Grund eines Vertrages verpflichtet ist, Umweltschäden zu beseitigen, zum Beispiel ein verunreinigtes Grundstück zu sanieren, muß er dafür eine Rückstellung bilden, wenn er die Aufwendungen, die mit der Sanierung verbunden sind, zum Bilanzstichtag nicht genau beziffern kann.

Das gleiche gilt für die Inanspruchnahme auf Grund zivilrechtlicher Haftungsnormen, etwa auf Grund des neuen Umwelthaftungsgesetzes. Bei Altlasten erweist sich die Inanspruchnahme wegen der langen Zeit, die zwischen Schadensverursachung und Schadensentdeckung vergeht, ofmals als schwierig, und die entsprechenden Sanierungskosten übersteigen in vielen Fällen die Leistungsfähigkeit der in Anspruch genommenen Unternehmen.²⁷³⁾ Auch fällt der Verschuldensvorwurf schwer, wenn man bedenkt, daß viele Umweltgefährdungen erst in jüngster Zeit auch als solche erkannt werden.²⁷⁴⁾

Nach dem Umwelthaftungsgesetz besteht auch dann eine Sanierungsverpflichtung für den früheren Betreiber der umweltgefährdenden Anlage, wenn diese zwar nicht mehr betrieben wird, die schädliche Umwelteinwirkung aber Folge des früheren Betriebs ist (§ 2 Abs.2 UmweltHG). Zukünftige Altlastenfälle können also zivilrechtlich mit Hilfe des Umwelthaftungsgesetzes gelöst werden.²⁷⁵⁾

Sobald ein zivilrechtlicher Verpflichtungsgrund besteht und die Inanspruchnahme seitens des Gläubigers wahrscheinlich ist, muß der

---

²⁷¹⁾ *Eilers* DStR 1991, 101.
²⁷²⁾ *Eilers* DStR 1991, 101.
²⁷³⁾ *Diederichsen* BB 1986, 1723 (1724).
²⁷⁴⁾ *Diederichsen* BB 1988, 917.
²⁷⁵⁾ *Eilers* DStR, 101 (104 (FN 35).

Kaufmann eine Rückstellung bilden, vorausgesetzt, es handelt sich um eine der Höhe nach ungewisse Verbindlichkeit.

2. Öffentlich-rechtliche Sanierungsverpflichtung

Die Inanspruchnahme für die Beseitigung der Umweltschäden auf Grund öffentlichen Rechts erfolgt durch Erlaß eines Verwaltungsakts. Als Ermächtigungsgrundlage kommt entweder eine spezialgesetzliche Umweltschutznorm oder die ordnungsbehördliche Generalklausel in Betracht.

a) Spezielle Regelungen

Bei "Alt"-Lasten handelt es sich um Fälle von Umweltschädigungen, die bereits in der Vergangenheit verursacht wurden, in einer Zeit also, in der viele Probleme im Bereich des Umweltschutzes noch nicht geregelt waren.[276]

Umso schwieriger findet sich eine geeignete spezialgesetzliche Umweltschutznorm, die entweder den Kaufmann unmittelbar zur Sanierung verpflichtet, oder die zuständigen Behörden ermächtigt, zur Abwendung der Gefahr für die Umwelt tätig zu werden. Nur soweit es an einer spezialgesetzlichen Ermächtigungsnorm fehlt, kann die Behörde auf das allgemeine Polizei- und Ordnungsrecht zurückgreifen. Dies folgt aus dem Anwendungsvorrang der lex specialis gegenüber der lex generalis.[277]

Das Inkrafttreten des Bundes-Abfallbeseitigungsgesetzes [278] am 11.6.1972 markiert eine zeitliche Grenzlinie für die Beseitigung von

---

[276] *Schwachheimer*, Unternehmenshaftung für Altlasten, S.10 ff.
[277] Vgl. *Larenz*, Methodenlehre⁶, S.267 f.; *Diederichsen* BB 1988, 917 (920).
[278] Vom 7.6.1972 BGBl. I S.873.

Altlasten, weil diese Vorschriften nicht auf solche Anlagen anwendbar sind, die bereits vor dem 11.6.1972 stillgelegt worden sind.[279] So zählt auch das Abfallgesetz für das Land Nordrhein Westfalen (LAbfG NW)[280] Grundstücke, auf denen vor dem 11.6.1972 Abfälle abgelagert worden sind, zu den Altablagerungen und damit zu "Alt"-Lasten im engeren Sinne (§ 28 Abs.2 LAbfG NW).

Ebenso verhält es sich mit den Vorschriften des Wasserhaushaltsgesetzes vom 19.2.1959[281] über die Nutzung und Benutzung von Gewässern und die Ablagerung von Abfallstoffen in der Nähe von Gewässern. Diese Vorschriften sind auch nur auf die gewässerschädigenden, also umweltschädigenden Handlungen anwendbar, die vor dem Inkrafttreten des Wasserhaushaltsgesetzes am 1.3.1960 zu einer Gefährdung geführt haben.[282]

Nach dem Landesabfallgesetz für Nordrhein-Westfalen (LAbfG NW)[283] bestehen zwar eine bußgeldbewehrte Meldepflicht für Altlasten (§ 44 Abs.1 Nr.8 i.V.m. § 29 Abs.4 LAbfG NW) und andere Vorschriften zur Erfassung von Altlastenstandorten (§§ 28 ff. LAbfG NW), eine Sanierungsverpflichtung für Altlasten besteht jedoch nicht.

In Hessen wurde mit dem Inkrafttreten des Hessischen Abfall- und Altlastengesetz (HAbfAG)[284] eine Sanierungsverantwortlichkeit spezialgesetzlich geregelt (§ 21 Abs.1 HAbfAG). Damit wird bundesweit erstmalig versucht, die Altlastenproblematik umfassend zu regeln.[285] Diese Regelung erweitert im Vergleich zum allgemeinen Polizei- und Ordnungsrecht die Verantwortlichkeit für die Be-

---

[279] *Breuer* NVwZ 1987, 751 (753).
[280] Vom 21.6.1988 GV NW S.250.
[281] BGBl. I S.37.
[282] *Breuer* NVwZ 1987, 751 (753).
[283] Vom 21.6.1988 GV NW S.250.
[284] Vom 10.7.1989 GVBl. Hessen I S.198.
[285] *Böhm* NVwZ 1990, 340.

seitigung von Altlasten.[286] Das Gesetz unterscheidet zwischen Altablagerungen und Altstandorten (§ 16 Abs.2 HAbfAG). Während erstere stillgelegte Abfallentsorgungsanlagen und Abfalldeponien betreffen (§ 16 Abs.2 Nr.1 HAbfAG), handelt es sich bei Altstandorten um Grundstücke von stillgelegten industriellen oder gewerblichen Betrieben, in denen derart mit gefährlichen Stoffen umgegangen wurde, daß Beeinträchtigungen des Allgemeinwohls nicht auszuschließen sind (§ 16 Abs.2 Nr.2 HAbfAG). Für die Sanierung der Altlasten ist in erster Linie der Verursacher verantwortlich (§ 21 Abs.1 HAbfAG), der auch Adressat der erforderlichen behördlichen Anordnungen ist (§ 20 Abs.1 HAbfAG).

In den anderen Bundesländern gibt es bislang keine vergleichbare Regelung. Die Behörden sind für die Inanspruchnahme des Sanierungsverpflichteten auf die ordnungsbehördliche Generalklausel angewiesen.

b) Die immissionsschutzrechtliche Nachsorgeverpflichtung

Eine Altlastensanierungsverpflichtung besteht auch auf Grund der immissionsschutzrechtlichen Nachsorgeverpflichtung. Danach hat der Betreiber einer genehmigungspflichtigen Anlage im Sinne des Bundesimmissionsschutzgesetzes sicherzustellen, daß auch nach Betriebseinstellung von der Anlage keine Gefahren für die Allgemeinheit hervorgerufen werden können und daß vorhandene Reststoffe ordnungsgemäß und schadlos verwertet oder beseitigt werden (§ 5 Abs.3 BImSchG).

Für den Kaufmann besteht bei geplanter Betriebsstillegung eine konkrete Sanierungsverpflichtung unmittelbar aus dem Gesetz, für die er eine Rückstellung bilden muß. Diese Verpflichtung braucht

---

[286] *Limbach*, Die steuerliche Förderung des Umweltschutzes, S.15.

nicht erst durch einen Verwaltungsakt konkretisiert zu werden, weil für den Kaufmann nunmehr offensichtlich ist, daß er zur Sanierung verpflichtet ist.[287]

Das Finanzgericht Münster ist diesen Überlegungen in dem Urteil vom 12.6.1990[288] nicht nachgegangen. Der Senat prüft nicht, ob eine Sanierungsverpflichtung des Kaufmanns auf Grund des Bundesimmissionsschutzgesetzes besteht. Rückstellungen darf der Kaufmann nach Auffassung des Finanzgerichts nur dann bilden, wenn die Behörde ihn für die Sanierung in Anspruch genommen, oder zumindest diesbezügliche Untersuchungen angestellt hat.[289]

Diese Entscheidung verkennt, daß der Kaufmann auf Grund des § 5 Abs.3 BImSchG auch ohne Inanspruchnahme durch Verwaltungsakt zur Sanierung der Umweltschäden verpflichtet ist, die während des Betriebs der Anlage entstanden sind.[290] Die Inanspruchnahme aus dieser Sanierungsverpflichtung ist wegen der bußgeldbewehrten Anzeigepflicht (§§ 62 Abs.2 Nr.1; 16 Abs.2 BImSchG) auch wahrscheinlich. Der Kaufmann kann sich deshalb nicht der Hoffnung hingeben, die zuständige Behörde werde die Anlage ohne weitere Prüfung der durchgeführten Sanierungsmaßnahmen stillegen.[291]

Eine solche Vorstellung berücksichtigt nicht das Interesse, das heute seitens der Öffentlichkeit und der zuständigen Behörden dem Umweltschutz entgegengebracht wird.

Die immissionsschutzrechtliche Nachsorgeverpflichtung stellt für den Kaufmann, der eine genehmigungspflichtige Anlage stillegen

---

[287] *Fluck* BB 1991, 176 (177).
[288] X 5791/89 G, abgedruckt BB 1990, 1806; der BFH hat mit Beschluß vom 21.1.1992 VIII 94/90 die Revision gegen dieses Urteil zugelassen, Aktz. beim BFH: VIII R 14/92.
[289] Finanzgericht Münster BB 1990, 1806.
[290] *Weber* StbJb. 1990/91, 150; *Fluck* BB 1991, 176 (177).
[291] *Fluck* BB 1991, 176 (177).

will, eine konkrete Verpflichtung zur Sanierung dieser Anlage dar. Einer Inanspruchnahme seitens der zuständigen Behörde bedarf es zur Rückstellungsbildung daher nicht. Sobald der Kaufmann beabsichtigt, eine Anlage stillzulegen, muß er für die mit der Sanierung des Grundstücks oder der Verwertung von Reststoffen verbundenen Aufwendungen mit der Bildung einer Rückstellung entsprechende Vorsorge treffen.

Die nachfolgenden Überlegungen betreffen also nur solche Sanierungsverpflichtungen, die nicht mit der Stillegung einer genehmigungspflichtigen Anlage im Sinne des Immissionsschutzrechts im Zusammenhang stehen.

c) Die ordnungsbehördliche Generalklausel

Soweit Spezialvorschriften nicht greifen, muß die zuständige Behörde zur Abwehr der Gefahr für die Umwelt und damit für die Gesundheit der Bevölkerung auf das allgemeine Polizei- und Ordnungsrecht zurückgreifen. Auch ein noch so ausgeklügeltes System von Einzelermächtigungen könnte niemals sämtlichen Umweltgefahren Rechnung tragen.[292]

---

[292] *Dürig* in *Maunz/Dürig,* Kommentar zum GG, Art.3 Rdnr.328 FN 1; *von Münch/Friauf,* Besonderes Verwaltungsrecht[8], S.214.

Rechtsgrundlage für den Erlaß einer Sanierungsverfügung ist die ordnungsbehördliche Generalklausel[293] .[294] Der Umweltschutz gehört in den Bereich der Gefahrenabwehr, weil von einer Umweltverschmutzung regelmäßig eine Gesundheitsgefährdung ausgeht. Ist zum Beispiel ein Grundstück mit Schadstoffen belastet, besteht eine Gefahr für die Gesundheit der in diesem Gebiet lebenden Menschen. Dies betrifft insbesondere die Gefährdung der allgemeinen Grundwasserversorgung.

Die Sanierungspflicht trifft in erster Linie den Handlungsstörer, also denjenigen, der durch sein Verhalten die Umweltverschmutzung verursacht hat.[295] Oftmals kann die zuständige Ordnungsbehörde den Handlungsstörer aber nicht mehr für die Beseitigung von Umweltschäden in Anspruch nehmen, zum Beispiel weil die Verursachung der Umweltverschmutzung bereits lange zurückliegt und sich der Verursacher nicht mehr ermitteln läßt.[296] In diesem Fall wird die Ordnungsbehörde zur Beseitigung der Gefahr denjenigen in Anspruch nehmen, der für den Zustand des Grundstücks verantwortlich ist (Zustandsstörer, § 18 Abs.1 OBG NW). Dies ist regelmäßig der

---

[293] Baden-Württemberg §§ 1,3 Polizeigesetz (PolG); Bayern Art. 11 Abs.1 Polizeiaufgabengesetz; Berlin § 14 Abs.1 Allgemeines Gesetz zum Schutze der öffentlichen Sicherheit und Ordnung; Bremen § 10 Polizeigesetz (PolG); Hamburg § 3 Abs.1 Gesetz über Sicherheit und Ordnung (SOG); Hessen § 1 Abs.1 SOG; Niedersachsen § 11 SOG; Nordrhein-Westfalen § 14 OBG NW, § 8 Abs.1 PolG; Rheinland-Pfalz § 9 Abs.1 Polizeiverwaltungsgesetz (PVG); Saarland § 14 Abs.1 PVG; Schleswig-Holstein § 171 Landesverwaltungsgesetz; in den neuen Bundesländern gilt § 12 des Gesetzes über die Aufgaben und Befugnisse der Polizei (vom 13.9.1990 GBl. DDR S.1489 [1491]) als Landesrecht fort (Art.9 Abs.4 i.V.m. Abs.2 Einigungsvertrag vom 31.8.1990 BGBl. II S.889 [892]).
[294] *Breuer* JuS 1986, 359; *Bordewin* BB 1992, 1097 (1098).
[295] Bayerischer VGH Beschluß vom 13.5.1986 Aktz. 20 CS 86.00338 DVBl. 1986, 1283; *Oerder* DVBl. 1992, 691 (696).
[296] OVG Münster Urteil vom 21.5.1973 IV A 1004/72 DVBl. 1973, 924; Bayerischer VGH Beschluß vom 13.5.1986 Aktz. 20 CS 86.00338 DVBl. 1986, 1283.

Grundstückseigentümer.[297] Denkbar ist aber auch die Inanspruchnahme desjenigen, der die tatsächliche Gewalt über das Grundstück ausübt (Mieter, Pächter, § 18 Abs.2 OBG NW).

Die zuständige Ordnungsbehörde trifft ihre Maßnahmen nach pflichtgemäßem Ermessen (§ 16 OBG NW). Sie ist also nicht verpflichtet, Maßnahmen zur Gefahrenabwehr anzuordnen, es sei denn, die Gefährdung ist so groß, daß der Ermessensspielraum der Behörde derart reduziert ist, daß sie eingreifen muß.[298]

Die Sanierungsverpflichtung ist jedenfalls dann rückstellungsfähig, wenn die Behörde eine ordnungsbehördliche Verfügung erläßt. Die ordnungsbehördliche Verfügung ist aber nicht notwendige Bedingung für Rückstellungen. Ob der Kaufmann Rückstellungen für Sanierungsverpflichtungen bilden muß hängt allein davon ab, ob die Verpflichtung zum Bilanzstichtag hinreichend konkret, und eine Inanspruchnahme durch die zuständige Ordnungsbehörde wahrscheinlich ist.[299]

3. Ergebnis zu II.

Voraussetzung für Rückstellungen für die Sanierung von Altlasten ist eine konkrete Sanierungsverpflichtung.

Eine konkrete Verpflichtung besteht dann, wenn der Kaufmann auf Grund eines Vertrages zur Sanierung verpflichtet ist. Für die Altlastenfälle der Zukunft besteht eine konkrete Verpflichtung zum Schadensersatz auf Grund des Umwelthaftungsgesetzes.

---

[297] *Knopp* BB 1989, 1425; *Bordewin* BB 1992, 1097 (1098).
[298] Etwa bei solchen Umwelteingriffen, die zu Grundwasserschädigungen führen (*Bordewin* BB 1992, 1097 [1098]).
[299] *Schmidt*, EStG[11], § 5 Anm.57 "Umweltschäden".

Es besteht jedenfalls dann eine konkrete Sanierungsverpflichtung, wenn die zuständige Behörde den Kaufmann mit Hilfe eines Verwaltungsakts für die Sanierung in Anspruch nimmt. Ermächtigungsgrundlage ist dafür in den meisten Fällen die ordnungsbehördliche Generalnorm.

Nach der immissionsschutzrechtlichen Nachsorgeverpflichtung (§ 5 Abs.3 BImSchG) besteht eine konkrete öffentlich-rechtliche Sanierungsverpflichtung, die sich ohne eine ordnungsbehördliche Verfügung unmittelbar aus dem Gesetz ergibt.-

III. Konkretisierung der Sanierungsverpflichtungen

Für den Kaufmann stellt sich die Frage, zu welchem Zeitpunkt er für die Sanierungsverpflichtung eine Rückstellung bilden muß.

Die Frage der wirtschaftlichen Verursachung im abgelaufenen Wirtschaftsjahr ist bei Rückstellungen für die Beseitigung von Altlasten regelmäßig zu bejahen. Wenn sanierungspflichtige "Alt"-Lasten auftreten, haben sie per definitionem ihre Ursache im bereits abgelaufenen Wirtschaftsjahr.[300] Viele Umweltschädigungen liegen bereits mehrere Jahre oder Jahrzehnte zurück.

Problematisch ist jedoch für den Kaufmann und die Finanzbehörde die Beantwortung der Frage, wann eine Sanierungsverpflichtung so konkret ist, daß eine Rückstellung gebildet werden muß.

---

[300] *Kamphausen/Kolvenbach/Wassermann* Beilage Nr. 3 DB 1987, 1 (16); *Bäcker* DStZ 1991, 31 (35).

§ 8 Rückstellungen für Altlastensanierung

1. Inanspruchnahme durch ordnungsbehördliche Verfügung

Stellt die zuständige Ordnungsbehörde auf dem Betriebsgrundstück des Kaufmanns eine Verunreinigung des Bodens mit Öl fest und fordert sie den Kaufmann kurz vor dem Bilanzstichtag mit einer Ordnungsverfügung auf, den ölverschmutzten Boden zu beseitigen, muß der Kaufmann für die anstehende Sanierung eine Rückstellung in Höhe der zu erwartenden Aufwendungen bilden.

Die Verpflichtung ist mit der behördlichen Inanspruchnahme hinreichend konkret. Der Verwaltungsakt konkretisiert die auf Grund des allgemeinen Polizei- und Ordnungsrechts bestehende Verpflichtung, Gefahren für die Umwelt zu beseitigen.

Das gilt auch für den Fall, in dem der Kaufmann der Meinung ist, nicht er sei für die Beseitigung einer Umweltverschmutzung in Anspruch zu nehmen, sondern der Eigentümer des Grundstücks, und er gegen die ordnungsbehördliche Verfügung fristgerecht Widerspruch einlegt. Denn auch in diesem Fall besteht zum Bilanzstichtag eine rückstellungspflichtige ungewisse Verbindlichkeit. Die Möglichkeit, daß die entsprechende ordnungsbehördliche Verfügung - etwa wegen fehlerhafter Störerauswahl[301] - rechtswidrig sein könnte, berührt den Bestand der Verpflichtung nicht. Der Kaufmann muß die Rückstellung bilden, selbst wenn er der Auffassung ist, mit seinem Widerspruch, spätestens aber mit einer Klage, diese rechtswidrige Verpflichtung aus der Welt schaffen zu können.

---

[301] Vgl. Bayerischer VGH Beschluß vom 13.5.1986 Aktz. 20 CS 86.00338 DVBl. 1986, 1283; *Oerder* DVBl. 1992, 691 (696) mit Hinweisen auf eine Verteidigungsstrategie des Zustandsstörers.

2. Bevorstehende Inanspruchnahme

Hat die zuständige Ordnungsbehörde zwar Kenntnis von der Ölverschmutzung erlangt, erläßt sie aber zum Beispiel wegen organisatorischer Probleme bis zum Zeitpunkt der Bilanzaufstellung noch keinen Verwaltungsakt, mit dem der Kaufmann für die Beseitigung der Umweltschäden in Anspruch genommen wird, muß der Kaufmann trotzdem eine Rückstellung bilden.

Aus dem Stichtagsprinzip folgt, daß für die Rückstellungsbildung die Tatsachen maßgebend sind, die zum Bilanzstichtag bekannt sind.[302] Der Kaufmann hat aber auch die Umstände zu berücksichtigen, die zwar zum Bilanzstichtag bereits bestanden, von denen er aber erst im Zeitraum bis zur Bilanzaufstellung erfahren hat (§ 252 Abs.1 Nr.4 HGB).[303]

Nach Ansicht des Bundesfinanzhofs ist der Erlaß eines Verwaltungsakts Voraussetzung für die Bildung von Rückstellungen für ungewisse öffentlich-rechtliche Verbindlichkeiten. Solange sich eine öffentlich-rechtliche Verpflichtung nicht unmittelbar aus dem Gesetz ableiten läßt, darf der Kaufmann erst bei Vorlage des entsprechenden Verwaltungsakts die entsprechende Rückstellung bilden.[304]

---

[302] *Clemm/Nonnenmacher* in Beck'scher Bilanzkommentar², § 249 HGB Rdnr.23.
[303] *Clemm/Nonnenmacher* in Beck'scher Bilanzkommentar², § 249 HGB Rdnr.23; *Budde/Geißler* in Beck'scher Bilanzkommentar², § 252 HGB Rdnr.37; *Knobbe-Keuk*, Bilanz- und Unternehmenssteuerrecht⁸, S.108.
[304] Dies folgt als Umkehrung aus BFH BStBl. 1980 II, 297 (298); BStBl. 1989 II, 893 (894).

Nach Auffassung des Finanzgerichts Münster[305] kommt es hinsichtlich der Konkretisierung der Sanierungsverpflichtung darauf an, daß die zuständige Ordnungsbehörde Kenntnis von den Umweltschäden erlangt und entsprechende Ermittlungen angestellt habe.[306] Bereits dann sei die Verpflichtung so konkret, daß der Kaufmann eine Rückstellung bilden muß.

Wenn der Erlaß einer ordnungsbehördlichen Verfügung unmittelbar bevorsteht, weiß der Kaufmann genau, daß er zur Sanierung verpflichtet ist. Die Verfügung stellt dann nur noch die Geltendmachung der Sanierungsverpflichtung dar. Die Geltendmachung einer Verbindlichkeit hat aber nichts mit der Frage ihres Bestehens zu tun, sondern betrifft (nur) die Frage nach der Wahrscheinlichkeit der Inanspruchnahme.[307]

Deshalb ist die Sanierungsverpflichtung auch dann hinreichend konkret und rückstellbar, wenn zeitnah die ordnungsbehördliche Verfügung zu erwarten, und deren Inhalt auf Grund der bekannten Umstände vorhersehbar ist.[308] Eine hinreichend konkrete Sanierungsverpflichtung besteht also dann, wenn die Kontaminierung des Grundstücks feststeht, und wahrscheinlich ist, daß die Behörde eine Sanierung in absehbarer Zeit anordnen und durchsetzen wird.[309]

Der Kaufmann muß auch dann eine Rückstellung für die der Höhe nach ungewisse Sanierungsverpflichtung bilden, wenn er die entsprechende Verfügung erwartet. Auch ohne die ausstehende Verpflichtung weiß er genau, daß er zur Sanierung des Grundstücks

---

[305] Urteil vom 12.6.1990 X 5791/89 G BB 1990, 1806; der BFH hat mit Beschluß vom 21.1.1992 VIII R 94/90 die Revision gegen dieses Urteil zugelassen, Aktz. beim BFH: VIII R 14/92.
[306] Finanzgericht Münster BB 1990, 1806.
[307] *Bäcker* DStZ 1991, 31 (34).
[308] *Christiansen* JbFfStR. 1987/88, 98 (103); zustimmend *Günkel* JbFfStR. 1987/88, 106 und StbJb. 1990/91, 97 (113).
[309] *Schmidt*, EStG^{11}, § 5 Anm.57 "Umweltschäden"; *Eilers* DStR 1991, 101 (105).

verpflichtet ist. Die Inanspruchnahme durch die Behörde ist auch wahrscheinlich, wenn die Behörde Kenntnis von der Umweltschädigung erlangt hat. Wegen des heutigen Umweltbewußtseins kann sich der in Anspruch genommene Kaufmann nicht mehr der Hoffnung hingeben, die zuständige Behörde werde den Fall unbearbeitet "zu den Akten legen".[310]

3. Fehlende Kenntnis der Ordnungsbehörde

Umstritten ist, ob der Kaufmann auch dann eine Rückstellung für die zu erwartende Inanspruchnahme aus der Sanierungsverpflichtung bilden muß, wenn er bei Probebohrungen feststellt, daß sein Betriebsgrundstück kontaminiert ist, zum Bilanzstichtag und zum Zeitpunkt der Bilanzaufstellung die zuständige Ordnungsbehörde aber noch keine Kenntnis von dem Vorfall erlangt und deshalb auch noch keine Ermittlungen angestellt hat.

a) Der Standpunkt der Rechtsprechung

Während sich der Bundesfinanzhof bislang zur Rückstellungsrelevanz einer bevorstehenden Inanspruchnahme aus einer Sanierungsverpflichtung noch nicht geäußert hat, verneint das Finanzgericht Münster in der bereits erwähnten Entscheidung vom 12.6.1990[311] die Zulässigkeit von Rückstellung in einem vergleichbaren Fall. Solange die zuständige Behörde nicht wenigstens Kenntnis von den Umweltschäden erlangt und auch noch keine Ermittlungen angestellt habe, sei unter Beachtung der Rechtsprechung des Bundesfi-

---

[310] Vgl. *Fluck* BB 1991, 176 (177) zur Inanspruchnahme auf Grund der immissionsschutzrechtlichen Nachsorgeverpflichtung (§ 5 Abs.3 BImSchG).
[311] Aktz.X 5791/89 G veröffentlicht BB 1990, 1806; der BFH hat die Revision gegen dieses Urteil mit Beschluß vom 21.1.1992 VIII B 94/90 zugelassen.

nanzhofs zu Rückstellungen bei öffentlich-rechtlichen Verbindlichkeiten die Sanierungsverpflichtung nicht so konkret, daß der Kaufmann sie durch Bildung einer Rückstellung berücksichtigen müsse.[312]

In dem von dem Finanzgericht zu entscheidenden Fall hatte ein Kaufmann wegen der anstehenden Betriebsstillegung eine Rückstellung für die voraussichtlichen Sanierungskosten gebildet. Handelte es sich dabei um eine genehmigungspflichtige Anlage im Sinne des Bundesimmissionsschutzgesetzes, wäre der Kaufmann bereits auf Grund der immissionsschutzrechtlichen Nachsorgeverpflichtung (§ 5 Abs.3 BImschG) zur Sanierung verpflichtet, weil sich diese Verpflichtung unmittelbar aus dem Gesetz ergibt und zu ihrer Konkretisierung nicht noch der behördlichen Geltendmachung im Wege einer Ordnungsverfügung bedarf.[313]

Das Urteil des Finanzgerichts stimmt mit der bisherigen Rechtsprechung des Bundesfinanzhofs zur Frage, wann der Kaufmann für eine öffentlich-rechtliche Verbindlichkeit eine Rückstellung bilden muß, überein. Der Bundesfinanzhof verlangt für den Fall, daß sich die Verpflichtung nicht unmittelbar aus dem Gesetz ergibt, eine ordnungsbehördliche Verfügung.[314] Die ordnungsbehördliche Sanierungsverpflichtung bedarf nach Auffassung des Finanzgerichts der Konkretisierung durch einen Verwaltungsakt, weil zum Bilanzstichtag noch nicht feststeht, ob die zuständige Ordnungsbehörde gegen den Kaufmann vorgehen wird.[315]

In einem Beschluß über die Aussetzung der Vollziehung kommt der 9. Senat beim Finanzgericht Münster zu der Erkenntnis, daß ernstliche Zweifel an der Rechtmäßikeit der gewinnerhöhenden Auflösung

---

[312] Finanzgericht Münster BB 1990, 1806.
[313] *Fluck* BB 1991, 176.
[314] BFH BStBl. 1978 II, 97.
[315] Finanzgericht Münster BB 1990, 1806.

von Rückstellungen bestehen, die der Steuerpflichtige für eine Bodensanierung gebildet hat, obwohl eine ordnungsbehördliche Verfügung noch nicht vorlag.[316] Die Zweifel, ob das Finanzamt die Rückstellungen für die Altlastensanierung zu Recht unberücksichtigt lassen konnte, seien so beachtlich, daß die Vollziehung bis zur Entscheidung in der Hauptsache auszusetzen sei.[317]

Im Ergebnis läßt das Finanzgericht die Frage der Zulässigkeit von Rückstellungen offen. Für den Aussetzungsbeschluß reicht aus, daß eine Fortentwicklung der Rechtsprechung möglich und die Beurteilung der Rechtsfrage unsicher ist.[318]

Auch der Bundesfinanzhof läßt Bewegung in der Frage erkennen, wann eine öffentlich-rechtliche Verpflichtung hinreichend konkret ist. Unter Aufgabe seines Konkretisierungsmerkmales "Nähe zum betreffenden Wirtschaftsjahr" ist er nunmehr der Auffassung, eine öffentlich-rechtliche Verpflichtung sei auch dann hinreichend konkret, wenn feststünde, daß der Kaufmann auf jeden Fall in Anspruch genommen würde, zum Bilanzstichtag aber noch nicht feststünde, zu welcher konkreten Maßnahme er verpflichtet sei.[319]

Ob aber dennoch ein Verwaltungsakt erforderlich ist, damit der Kaufmann die Rückstellung bilden darf, und ob ohne die Kenntnis der Behörde eine konkrete Verpflichtung undenkbar ist, folgt aus dieser Entscheidung nicht.

---

[316] Finanzgericht Münster Beschluß vom 10.9.1990 Aktz. IX 3976/90 V abgedruckt BB 1991, 874.
[317] Finanzgericht Münster BB 1991, 874.
[318] Finanzgericht Münster BB 1991, 874; vgl. *Crezelius* DB 1992, 1353 (1356).
[319] BFH BStBl. 1992 II, 600 (603).

b) Der Standpunkt der Finanzverwaltung

Die Finanzverwaltung läßt bisher nur unter den vom Bundesfinanzhof aufgestellten Voraussetzungen die Bildung von Rückstellungen für öffentlich-rechtliche Umweltschutzverpflichtungen zu.

In einem Beschluß zur Rückstellungsbildung im Zusammenhang mit der Vernichtung gelagerter Altreifen vertritt das Bundesfinanzministerium die Auffassung, eine konkrete Verpflichtung zur Vernichtung der Altreifen ergebe sich nicht aus den Vorschriften des Abfallgesetzes.[320] Deshalb dürfe der Kaufmann erst dann eine Rückstellung bilden, wenn die zuständige Ordnungsbehörde ihn durch Verwaltungsakt zur Entsorgung auffordert.[321]

Angesichts der Erfahrungen mit Umweltschutzrückstellungen in den neuen Bundesländern, beabsichtigt die Finanzverwaltung sogar, die Meßlatte der Voraussetzungen für diese Rückstellungen anzuheben.[322] Dabei ist zunächst lobenswert, daß sich die Finanzverwaltung dieser überaus aktuellen Thematik annimmt.[323] Zur Diskussion steht ein Erlaßentwurf des Bundesministeriums der Finanzen zu ertragsteuerlichen Fragen im Zusammenhang mit der Sanierung schadstoffverunreinigter Wirtschaftsgüter. Inhaltlich entspricht der Erlaßentwurf der bisher herrschenden Auffassung in Rechtsprechung und Finanzverwaltung zu öffentlich-rechtlichen Verbindlichkeiten.[324] Die Sanierungsverpflichtung ist danach konkret genug, wenn das Gesetz oder ein Verwaltungsakt dem

---

[320] BMF vom 11.2.1992, IV B2-S.2137-8/92, DB 1992, 554 = DStR 1992, 357 = FR 1992, 221.
[321] BMF vom 11.2.1992, IV B2-S.2137-8/92, DB 1992 554, = DStR 1992, 357 = FR 1992, 221.
[322] Frankfurter Allgemeine Zeitung vom 9.4.1992.
[323] *Knopp* NJW 1992, 2657 (2661).
[324] *Crezelius* DB 1992, 1353 (FN 3); *Knopp* NJW 1992, 2657 (2661).

Kaufmann ein ganz bestimmtes Handeln innerhalb eines ganz bestimmten Zeitraums vorschreibt. Damit weicht der Erlaßentwurf sogar von der heute nicht mehr so engen Auffassung des Bundesfinanzhofs[325] zur "Nähe zum abgelaufenen Wirtschaftsjahr" ab, indem er diese überholte Formel bemüht.

Sowohl nach Auffassung der Rechtsprechung, als auch nach Auffassung der Finanzverwaltung darf der Kaufmann also keine Rückstellung für die Sanierung seines Betriebsgrundstücks bilden, wenn nur er, nicht aber die zuständige Behörde, von der Kontaminierung weiß.

c) Rückstellungspflichtige Sanierungsverpflichtung trotz fehlender Kenntnis der Ordnungsbehörde

Zur Diskussion steht also, ob der Kaufmann, entgegen der Auffassung des Bundesfinanzhofs und der Finanzverwaltung, auch dann eine Rückstellung bilden muß, wenn nur er, nicht aber die zuständige Ordnungsbehörde Kenntnis von den Altlasten hat.

Aufschluß bringt ein Vergleich mit den zivilrechtlichen Sanierungsverpflichtungen und mit der ähnlich gelagerten Problematik der Rückstellungen für die Verpflichtung aus der Verletzung fremder Schutzrechte.

aa) Vergleich mit zivilrechtlichen Sanierungsverpflichtungen

Für zivilrechtliche Sanierungsverpflichtungen muß der Kaufmann auch dann eine Rückstellung bilden, wenn der Gläubiger seinen Anspruch noch nicht geltend gemacht hat, ja selbst dann, wenn dieser

---

[325] BFH BStBl. 1992 II, 600 (603).

noch gar nichts von seinem Anspruch weiß, oder die Person des Gläubigers dem Kaufmann nicht bekannt ist.[326]

Beträfe eine Ölverschmutzung auf dem Grundstück des Kaufmanns auch die Wasserversorgung auf dem Nachbargrundstück, so müßte er auch dann für die Aufwendungen im Zusammenhang mit der Sanierungsverpflichtung aus § 906 BGB eine Rückstellung bilden, wenn der Nachbar - etwa wegen eines längeren Auslandsaufenthaltes - von der Kontaminierung bis zur Bilanzaufstellung noch keine Kenntnis erlangt hat.[327]

Eine zivilrechtliche Sanierungsverpflichtung ist also auch dann rückstellungspflichtig, wenn der Gläubiger noch keine Kenntnis von seinem Anspruch hat. Voraussetzung ist aber, daß die Inanspruchnahme durch den Gläubiger wahrscheinlich ist, sobald dieser von seinem Anspruch erfährt.

bb) Vergleich mit der Schadensersatzverpflichtung wegen der Verletzung fremder Schutzrechte

Möglicherweise muß der Kaufmann auf die Überlegungen zu Rückstellungen wegen der Verletzung fremder Schutzrechte zurückgreifen, wenn die zuständige Behörde noch keine Kenntnis von den Umweltschäden hat.

Rückstellungen wegen der Verletzung fremder Schutzrechte muß der Kaufmann bilden, wenn entweder der Rechtsinhaber seinen Anspruch geltend gemacht hat oder mit einer Inanspruchnahme ernstlich zu rechnen ist (§ 5 Abs.3 EStG).

---

[326] *Schmidt*, EStG[11], § 5 Anm.39a; *Clemm/Nonnenmacher* in Beck'scher Bilanzkommentar[2], § 249 HGB Rdnr.35.
[327] Vgl. zu einem ähnlichen Fall *Günkel* StbJb. 1990/91, 97 (103).

Nach Ansicht des Bundesfinanzhofs muß der Kaufmann Rückstellungen für ungewisse Verbindlichkeiten aus der Verletzung fremder Schutzrechte (§ 5 Abs.3 EStG) bilden, sobald er feststellt, daß er ein fremdes Schutzrecht verletzt hat.[328] Es komme nicht auf die Kenntnis des Schutzrechtinhabers von der Verletzung an, weil wegen der günstigen rechtlichen Stellung des Schutzrechtinhabers - etwa auf Grund der für ihn günstigen Verjährung[329] - die Inanspruchnahme des Schutzrechtverletzers auch dann noch wahrscheinlich ist, wenn der Inhaber bislang nichts von seinem Anspruch weiß.[330]

Abweichend von der Regel, daß Rückstellungen dann aufzulösen sind, wenn der Grund hierfür entfallen ist (§ 249 Abs.3 S.2 HGB), muß der Kaufmann Rückstellungen für Aufwendungen auf Grund einer Schutzrechtsverletzung im dritten auf die Bildung folgenden Wirtschaftsjahr auflösen, solange der Schutzrechtsinhaber den Anspruch noch nicht geltend gemacht hat (§ 5 Abs.3 S.2 EStG).[331] § 5 Abs.3 S.2 EStG bestimmt, wann die Inanspruchnahme wahrscheinlich ist. Der Kaufmann muß dies auch dann berücksichtigen, wenn nach seiner Erfahrung auch nach dem in § 5 Abs.3 S.2 EStG angegebenen Zeitraum mit einer Inanspruchnahme mit einiger Wahrscheinlichkeit zu rechnen ist.

Bildet der Kaufmann Rückstellungen für die drohende Inanspruchnahme aus der Verletzung fremder Schutzrechte, so ist dies mit der Situation vergleichbar, in der die Behörde von dem Sanierungsbedarf noch keine Kenntnis erlangt hat. Statt einer Schutzrechtsverlet-

---

[328] BFH BStBl. 1982 II, 748.
[329] § 141 Patentgesetz (vom 16.12.1980 BGBl. 1981 I S.1 mit Änderungen): ein Schadensersatzanspruch verjährt in drei Jahren nach Kenntnis von der Patentrechtsverletzung; ohne Kenntnis verjährt der Anspruch nach dreißig Jahren (§ 195 BGB).
[330] BFH BStBl. 1982 II, 748.
[331] *Schmidt*, EStG[11], § 5 Anm.42b.

zung entdeckt der Kaufmann eine Kontaminierung seines Grundstücks. Die zuständige Behörde hat ebenso wie der Schutzrechtsinhaber, der von seinem Schadensersatzanspruch noch nichts weiß, noch keine Kenntnis von dem Beseitigungsanspruch gegen den Zustandsstörer.

Für das Finanzgericht Münster ist die Rechtsprechung des Bundesfinanzhofs zu Rückstellungen für die drohende Inanspruchnahme aus der Verletzung fremder Patentrechte nicht auf Rückstellungen für die drohende Inanspruchnahme aus der Verpflichtung zur Altlastensanierung anwendbar.[332] Ausschlaggebendes Argument des Bundesfinanzhofs dafür, daß es auf die Kenntnis des Schutzrechtsinhabers nicht ankomme, sei dessen besonders günstige Rechtsstellung. Nur deshalb sei in diesem besonderen Fall auch ohne Kenntnis des Gläubigers die Inanspruchnahme wahrscheinlich, weil dieser jederzeit (innerhalb der Verjährung des § 141 Patentgesetz) den Anspruch geltend machen könne. Diese besonders günstige Rechtsstellung des Patentinhabers sei jedoch mit der Stellung der Ordnungsbehörde nicht vergleichbar. Deshalb dürfe der Kaufmann solange keine Rückstellung für die drohende Sanierungsverpflichtung bilden, wie die Behörde noch keine Kenntnis von den Umweltschäden erlangt oder zumindest dahingehende Ermittlungen angestellt hat.

Diese Auffassung überzeugt nicht. Die rechtlichen und praktischen Möglichkeiten der zuständigen Ordnungsbehörde sind mit denen des Schutzrechtsinhabers vergleichbar.[333]

Bei einer bestehenden Gefahr - etwa für die Qualität des Grundwassers - ist die Behörde auf Grund der Anordnung der sofortigen Vollziehung und der Möglichkeiten der Verwaltungsvollstreckung in der Lage, den Anspruch auf Beseitigung der Umweltgefährdung schnell

---

[332] Finanzgericht Münster BB 1990, 1806 (1807).
[333] *Eilers* DStR 1991, 101 (106).

durchzusetzen. Aus diesem Grund ist es zweifelhaft, ob es dem Schutzrechtsinhaber wesentlich leichter fällt seinen Anspruch durchzusetzen als der Ordnungsbehörde.[334] In Hinblick auf die rechtlichen Möglichkeiten besteht also jedenfalls keine Besserstellung im Vergleich zum Schutzrechtinhaber. So leicht, nämlich einseitig durch Ausübung hoheitlicher Gewalt, kann der Schutzrechtinhaber seinen Anspruch nicht durchsetzen.

Stephan sieht die unterschiedliche Behandlung der Fälle darin begründet, daß die Stellung des Schutzrechtsinhabers nicht eine günstigere als die der Ordnungsbehörde sei, sondern eine andere rechtliche Qualität besitze.[335] Der Schutzrechtsinhaber habe unter Umständen ein Interesse daran, seinen Schadensersatzanspruch erst später geltend zu machen.

Dies ist zwar richtig, sagt aber nichts darüber aus, ob die Verpflichtung zur Sanierung auch ohne Kenntnis der zuständigen Behörde so konkret ist, daß der Kaufmann dafür eine Rückstellung bilden muß. Im Gegensatz zum Schutzrechtsinhaber kann die Ordnungsbehörde bei einer tatsächlich bestehenden Gefahr nicht abwarten, ob sie den Anspruch auf Beseitigung geltend macht oder nicht. Wegen der drohenden Gefahr für die öffentliche Sicherheit, insbesondere die Gesundheit der Bevölkerung, reduziert sich das ordnungsbehördliche Ermessen, gegen die Umweltgefährdung einzuschreiten, auf Null.[336]

Eine Inanspruchnahme auf Grund vorhandener Umweltschäden stellt sich für den Kaufmann also mindestens ebenso konkret, wie die Inanspruchnahme auf Grund der Schutzrechtsverletzung. Der Kaufmann weiß, daß er verpflichtet ist, die Umweltmaßnahmen durchzuführen und die Ordnungsbehörde ihren Anspruch wahr-

---

[334] *Günkel* StBJb. 1990/91, 97 (115).
[335] Podiumsdiskussion Umweltschutz, StBJb. 1990/91, 147.
[336] *Eilers* DStR 1991, 101 (106).

scheinlich auch durchsetzen wird, sobald sie davon Kenntnis erlangt. Wegen der Verpflichtung zum Einschreiten gegen die Umweltgefährdung besteht aus der Sicht des Kaufmanns eine noch viel größere Wahrscheinlichkeit der Inanspruchnahme, als bei der Verletzung fremder Schutzrechte.

Wenn es nach Auffassung des Bundesfinanzhofs für die Rückstellungbildung aus der Verletzung fremder Schutzrechte zu Recht nicht auf die Kenntnis des Patentrechtsinhabers ankommt, kann es auch für Rückstellungen wegen der drohende Inanspruchnahme zur Sanierung von Altlasten auf die Kenntnis der zuständigen Behörde nicht ankommen. Der Kaufmann muß also auch dann für die drohenden Sanierungsaufwendungen Rückstellungen bilden, wenn nur er, nicht aber die zuständige Behörde von der Kontaminierung des Grundstücks Kenntnis erlangt hat.

Wenn eine Kontaminierung feststeht, die zuständige Behörde aber noch keine Kenntnis davon hat, muß der Kaufmann für die Sanierungsverpflichtung eine Rückstellung bilden. Das fehlende Tätigwerden der Behörde ist für die Rückstellungsbildung in den Fällen unerheblich, in denen das Einschreiten gegen die Umweltschädigung die einzig rechtmäßige Entscheidung ist.[337]

Voraussetzung ist wie bei allen anderen Rückstellungen für ungewisse Verbindlichkeiten, ob die Inanspruchnahme durch den Gläubiger, hier die zuständige Ordnungsbehörde, auch wahrscheinlich ist.

---

[337] *Bartels* BB 1992, 1095 (1101).

d) Wahrscheinlichkeit der Inanspruchnahme aus der Sanierungsverpflichtung

Entscheidendes Kriterium für den Kaufmann ist also die Frage, ob die Inanspruchnahme durch die zuständige Behörde auch wahrscheinlich ist.[338]

Diese Frage muß der Kaufmann anhand der Wahrscheinlichkeitskriterien beantworten, die auch für andere Verbindlichkeitsrückstellungen gelten. Hier findet auch die fehlende Kenntnis der Ordnungsbehörde von den Umweltschäden ihre notwendig Berücksichtigung.

Nach Ansicht des Bundesfinanzhofs ist eine Inanspruchnahme des Kaufmanns aus einer ungewissen Verbindlichkeit dann hinreichend wahrscheinlich, wenn mehr Gründe für als gegen das Be- oder Entstehen einer Verbindlichkeit und eine künftige Inanspruchnahme sprechen.[339]

Danach reicht die bloße Möglichkeit der Inanspruchnahme allein noch nicht aus, um für ungewisse Verbindlichkeiten Rückstellungen zu bilden.[340] Die Wahrscheinlichkeit ist nicht allein anhand subjektiver Erwartungen des Kaufmanns, sondern nach objektiven Tatsachen zu prüfen.[341]

Nach dieser Ansicht darf der Kaufmann dann keine Rückstellung für eine ungewisse Verbindlichkeit bilden, wenn gleichviele Gründe für und gegen die Inanspruchnahme sprechen. Demnach dürfte der Kaufmann jedoch auch bei einer sehr hohen Wahrscheinlichkeit von

---

[338] *Günkel* StbJb. 1990/91, 97 (114); *Schmidt*, EStG¹¹, § 5 Anm. 57 "Umweltschäden".
[339] BFH BStBl. 1985 II, 44 (46).
[340] BFH BStBl. 1984 II, 263 (264).
[341] BFH BStBl. 1985 II, 44 (46).

§ 8 Rückstellungen für Altlastensanierung

etwa 50 % keine Rückstellungen bilden. Dies widerspricht dem Gläubigerschutzprinzip, das auch bei einer so hohen Wahrscheinlichkeit eine finanzielle Vorsorge verlangt.[342]

Wann ist aber die Wahrscheinlichkeit so groß, daß unter Gläubigerschutzgesichtspunkten der sorgfältige und gewissenhafte Kaufmann eine Rückstellung bilden müßte? Reicht möglicherweise eine Wahrscheinlichkeit von 45, 40 oder gar 30 % aus, weil ein gewissenhafter und vorsichtiger Kaufmann bereits dann für eine ungewisse Verbindlichkeit Vorsorge trifft? Oder liefe dies einer vernünftigen Bilanzierung zuwider, nach dem Motto "Vorsicht, Vorsicht über alles"?[343]

Letztlich kann nicht die Höhe der Wahrscheinlichkeit die Frage der Rückstellungspassivierung entscheiden, zumal die Quantifizierung von Wahrscheinlichkeiten in diesem Zusammenhang nur schwer gelingt.[344]

Nach Auffassung von *Paus* sollte der Kaufmann die Wahrscheinlichkeit der späteren Inanspruchnahme aus einer ungewissen Verbindlichkeit bei der Bewertung der Rückstellung berücksichtigen.[345] Eine Verbindlichkeit mit einer Wahrscheinlichkeit von 40% soll der Kaufmann auch nur mit 40% bewerten.

Im Bilanzrecht gilt aber der Grundsatz der Einzelbewertung (§ 252 Abs.1 Nr.3 HGB).[346] Der Kaufmann, der eine einzelne Verbindlichkeit mit nur 40 % bewertet, weist seine Schulden nicht vollstän-

---

[342] *Clemm/Nonnenmacher* in Beck'scher Bilanzkommentar², § 249 HGB Rdnr.53; *Herzig* DB 1990, 1342 (1347).
[343] *Eibelshäuser* BB 1987, 860 (863).
[344] *Eibelshäuser* BB 1987, 860 (863); *Herzig* DB 1990, 1342 (1347); *Naumann*, Die Bewertung von Rückstellungen, S.152.
[345] *Paus* BB 1988, 1419 (1420).
[346] Zur ausnahmsweisen Zulassung von Pauschalrückstellung durch die Rechtsprechung vgl. *Knobbe-Keuk*, Bilanz- und Unternehmenssteuerrecht⁸, S.108.

dig aus. Denn wenn der Gläubiger ihn dann doch in Anspruch nimmt, reicht die Rückstellung eben nicht zur Schuldendeckung aus. Anders als bei der Pauschalrückstellung findet bei einer einzelnen Verbindlichkeitsrückstellung kein Ausgleich zwischen tatsächlich eintretenden und nicht eintretenden Risiken statt. Die Bewertung ist bei Einzelrückstellungen also kein geeignetes Instrument zur Berücksichtigung der Wahrscheinlichkeit der Inanspruchnahme.[347] Sie führt letztlich zu einem zu niedrigen Rückstellungsansatz.[348]

Die Wahrscheinlichkeit ist letztlich nur ein Abwägungsergebnis. Es kommt auf das jeweilige Gewicht der Begründung für oder gegen eine Inanspruchnahme an,[349] wobei nur eine Gesamtbeurteilung[350] aller Gründe, die für oder gegen eine zukünftige Inanspruchnahme sprechen, ergibt, ob die Inanspruchnahme wahrscheinlich ist.

Danach muß der Kaufmann immer dann eine Rückstellung bilden, wenn wichtigere Gründe für, als gegen eine spätere Inanspruchnahme sprechen. Die Abwägung erfolgt nach kaufmännischem Ermessen, wobei neben den Verhältnissen am Bilanzstichtag auch die Verhältnisse am Tage der Bilanzaufstellung Berücksichtigung finden müssen.[351] Der vorsichtige und gewissenhafte Kaufmann muß dabei auch frühere Erfahrungen berücksichtigen. Folgt aus der Abwägung, daß mit der Inanspruchnahme aus vernünftigen Gründen nicht zu rechnen ist, darf der Kaufmann keine Rückstellung bilden. Wenn hingegen die Abwägung erbringt, daß eine Nichtberücksichtigung der zu erwartenden Verbindlichkeit unter dem Gesichtspunkt

---

[347] *Hartung* BB 1988, 1421 (1422); dies räumt im übrigen auch *Paus* BB 1988, 1419 (1421) ein: "Für diese Ausnahme(?)fälle dürfte eine in jeder Hinsicht überzeugende Lösung nicht möglich sein".
[348] *Eibelshäuser* BB 1987, 860 (863).
[349] *Eibelshäuser* BB 1987, 860 (863).
[350] *Herzig* DB 1990, 1342 (1347).
[351] *Knobbe-Keuk*, Bilanz- und Unternehmenssteuerrecht⁸, S.106

des Gläubigerschutzes nicht zu verantworten ist, dann muß der Kaufmann in voller Höhe eine Rückstellung bilden.

Die bloße Möglichkeit der Inanspruchnahme zur Beseitigung der Umweltschäden reicht also nicht aus.[352] Bei der Beurteilung der Wahrscheinlichkeit einer Inanspruchnahme wegen einer Sanierungsverpflichtung spielt das hohe Ansehen, das der Umweltschutz in den letzten Jahren genießt, eine große Rolle.[353]

Umweltverschmutzungen, die möglicherweise noch vor Jahren nicht zwangsläufig zu einer Sanierungsverpflichtung geführt hätten, führen heute mit großer Wahrscheinlichkeit zu einer Inanspruchnahme. Voraussetzung ist das tatsächliche Bestehen einer Umweltschädigung.[354] Sobald der Kaufmann nachweisen kann, daß eine Umweltschädigung besteht, muß er realistischerweise auch damit rechnen, daß die zuständige Behörde ihn für die Beseitigung dieser Umweltschädigung in Anspruch nimmt. Dies gilt nicht nur bei einer geplanten Stillegung der betrieblichen Anlage,[355] sondern auch für die Beseitigung von Altlasten im Rahmen des laufenden Betriebs.

Ordnungsbehörden werden immer häufiger auf dem Gebiet des Umweltschutzes tätig. In vielen Städten und Gemeinden haben die zuständigen Behörden zur Erfassung von Altstandorte mit der Erstellung sogenannter Altlastenkataster begonnen.[356] In den Ländern Hessen und Nordrhein-Westfalen sehen gesetzliche Regelungen die Erfassung von Altlasten-Standorten vor.[357] Auf Grund dieser Aktivitäten, oftmals ausgelöst von Beobachtungen aus der Bevölke-

---

[352] *Knobbe-Keuk,* Bilanz- und Unternehmenssteuerrecht⁸, S. 108.
[353] *Günkel* StBJb. 1990/91, 97 (115); *Bartels* BB 1992, 1095 (1101).
[354] *Bäcker* DStZ 1991, 31 (35).
[355] § 5 Abs.3 BImSchG, dazu *Fluck* BB 1991, 176 und 1797.
[356] Vgl. *Bäcker* BB 1989, 2071.
[357] §§ 17 ff. Hessisches Abfallwirtschafts- und Altlastengesetz (v. 10.7.1989 GVBl. I S.198); § 29 Landesabfallgesetz Nordrhein-Westfalen (v. 21.6.1988 GV NW S.250).

rung, muß jeder Kaufmann, der eine Umweltschädigung auf seinem Betriebsgelände entdeckt, damit rechnen, in absehbarer Zeit für die Beseitigung derselben in Anspruch genommen zu werden.[358] In Nordrhein-Westfalen ist er sogar unter Bußgeldandrohung verpflichtet, die ihm bekannt gewordenen Altlasten der zuständigen Behörde zu melden (§ 44 Abs.1 Nr.8 i.V.m. § 29 Abs.4 LAbfG NW).

Für die Feststellung der Altlasten sind keine genauen, in alle Einzelheiten gehenden wissenschaftlichen Untersuchungen erforderlich. Es reicht aus, wenn die schädliche Umweltbelastung feststeht. Dies kann der Kaufmann anhand von Sachverständigengutachten oder eigenen Untersuchungen nachweisen. Auf die Untersuchungen der zuständigen Ordnungsbehörde kommt es nicht an.

Nicht ausreichend ist die bloße Möglichkeit einer Umweltbelastung allein wegen einer umweltgefährdenden Tätigkeit eines Unternehmens.[359] In einem solchen Fall fehlt es an konkreten Hinweisen auf eine Umweltschädigung. Ohne die schädlichen Umwelteinwirkungen besteht aber auch keine Verpflichtung des Kaufmanns, die Altlasten zu beseitigen. Die Umweltschädigung muß also zum Bilanzstichtag feststehen.

Bei der Ermittlung der Wahrscheinlichkeit der Inanspruchnahme sind alle Umstände zu berücksichtigen. Dabei ist zu differenzieren: Wenn ein Schadstoff auf Grund seiner besonderen Eigenschaften nur sehr schwer für Außenstehende zu entdecken ist, ist eine Inanspruchnahme des Kaufmanns seitens der Ordnungsbehörde solange nicht wahrscheinlich, als dieser der Behörde die Verunreinigung anzeigt. In einem solchen Fall ist nämlich ohne Kenntnis der Behörde auch in absehbarer Zukunft nicht damit zu rechnen, daß die Behörde

---

[358] *Eilers* DStR 1991, 101 (105); *Bäcker* DStZ 1991, 31 (35).
[359] Anderer Ansicht *Bäcker* BB 1989, 2071 (2076).

tätig wird. Anders wiederum, wenn die Behörde im Rahmen der Erstellung eines Altlastenkatasters demnächst eine Untersuchung des Betriebsgeländes plant.

Die Wahrscheinlichkeit der Inanspruchnahme hängt also sowohl von der Art der Umweltschädigung ab, als auch von der Möglichkeit der Behörde, von der Umweltschädigung Kenntnis zu erlangen. Zwar besteht die Sanierungsverpflichtung sobald die Umweltschädigung entdeckt wird.[360] Eine Rückstellung darf und muß der Kaufmann aber nur dann bilden, wenn er mit der Inanspruchnahme ernstlich rechnen muß.

4. Ergebnis zu III.

Der Kaufmann muß wegen einer Sanierungsverpflichtung Rückstellungen bilden, wenn wegen der von ihm oder der Behörde entdeckten Umweltgefährdung eine ordnungsbehördliche Inanspruchnahme wahrscheinlich ist.

Auf den Erlaß einer entsprechenden Ordnungsverfügung oder die Kenntnis der Behörde von den Umweltschäden kommt es für das Bestehen der rückstellungspflichtigen Sanierungsverpflichtung nicht an. Denn eine Inanspruchnahme kann auch dann wahrscheinlich sein, wenn bislang nur der Kaufmann Kenntnis von der Umweltschädigung hat.

IV. Wechselspiel zwischen Rückstellung und Sanierungsverpflichtung

Wenn der Kaufmann eine Rückstellung auch dann bilden darf, wenn die zuständige Ordnungsbehörde noch keine Kenntnis von der Um-

---

[360] *Eilers* DStR 1991, 101 (106).

weltgefährdung hat, die Inanspruchnahme aber gleichwohl wahrscheinlich ist, stellt sich die Frage, ob er dadurch die Inanspruchnahme aus der Sanierungsverpflichtung vorwegnimmt.

Bildet der Grundstückseigentümer für die zu erwartende Inanspruchnahme als Zustandsstörer eine entsprechende Rückstellung, kann die zuständige Behörde aber trotzdem einen solventen Verhaltensstörer vorrangig in Anspruch nehmen, wenn dieser, anders als im Zeitpunkt der Rückstellungsbildung, nunmehr zur Verfügung steht.[361] Übt die Behörde ihr Ermessen bei der Störerauswahl dahingehend aus,[362] muß der Kaufmann die Rückstellung gewinnerhöhend auflösen, weil dann der Grund für ihre Bildung weggefallen ist (§ 249 Abs.3 S.2 HGB). Die Rückstellung nimmt die Inanspruchnahme aus der Sanierungsverpflichtung nicht vorweg.

Auflösen muß der Kaufmann die Rückstellung für die Sanierungsverpflichtung, wenn nicht mehr mit einer Inanspruchnahme durch die Behörde zu rechnen ist. Dabei ist der Kaufmann nicht verpflichtet, die Ordnungsbehörde von der Kontaminierung zu unterrichten. Denn das Polizei- und Ordnungsrecht kennt keine eigene Aufklärungspflicht.[363]

Hier sieht *Bäcker* den Kaufmann in einer "Zwickmühle", weil er einerseits für den Fall der Inanspruchnahme bilanzielle Vorsorge treffen müsse, zum anderen aber kein Interesse daran habe, durch eingehende Untersuchungen auf seinem Betriebsgelände "schlafende Hunde" in der Ordnungsbehörde zu wecken.[364]

---

[361] *Eilers* DStR 1991, 101 (106).
[362] Zur Auswahl zwischen mehreren Störern Bayerischer VGH Beschluß vom 13.5.1986 Aktz. 20 CS 86.00338 DVBl. 1986, 1283; *von Münch/Friauf*, Besonderes Verwaltungsrecht⁸, 241; *Oerder* DVBl. 1992, 691 (696).
[363] *Bäcker* BB 1989, 2071 (2076); *Luig* BB 1992, 2180 (2181).
[364] *Bäcker* BB 1989, 2071 (2076),

§ 8 Rückstellungen für Altlastensanierung

Bislang besteht nur in Nordrhein-Westfalen auf Grund einer speziellen landesgesetzlichen Regelung eine Aufklärungspflicht für Grundstückseigentümer oder Nutzungsberechtigte, die eine Kontaminierung des Grundstücks mit Altlasten entdecken (§ 29 Abs.4 LAbfG NW). Derjenige, der trotz Kenntnis von der Kontaminierung eine Anzeige an die zuständige Behörde unterläßt, handelt ordnungswidrig (§ 44 Abs.1 Nr.8 LAbfG NW).

Ist der Kaufmann unter Bußgeldandrohung zur Mithilfe bei der Aufklärung von Altlastenfällen verpflichtet, ist auch wahrscheinlich, daß die zuständige Behörde ihn in Anspruch nehmen wird. Die Aufklärungspflicht ist aber nur ein Merkmal, das die Inanspruchnahme wahrscheinlich macht.

Die Sanierungsverpflichtung besteht unabhängig von einer Aufklärungspflicht. Auch wenn der Kaufmann nicht verpflichtet ist, die zuständige Ordnungsbehörde von den Umweltschäden zu informieren, kann die Inanspruchnahme wahrscheinlich sein. Das ist dann der Fall, wenn die Behörde von sich heraus Untersuchungen anstellt, oder wenn die Öffentlichkeit bereits informiert ist.

Auf der anderen Seite ist die Inanspruchnahme eher unwahrscheinlich als wahrscheinlich, wenn die Behörde ohne die Aufklärung durch den Kaufmann und ohne dessen Mithilfe keine Kenntnis von den Umweltschäden erlangen wird. Dies ist insbesondere dann anzunehmen, wenn der Kaufmann nicht nur Informationen zurückhält, sondern zusätzlich alles unternimmt, damit die Umweltbelastung durch die von ihm entdeckte Kontaminierung nicht bekannt wird.[365]

---

[365] Ebenso *Luig* BB 1992, 2180 (2182).

Die Finanzbehörde ist auf Grund des Steuergeheimnisses (§ 30 AO) nicht berechtigt, Informationen an die Ordnungsbehörde weiterzugeben. Für eine befugte Weitergabe von Informationen auf Grund öffentlichen Interesses (§ 30 Abs.5 AO) besteht keine Veranlassung.[366] Dies gilt auch dann, wenn das Zurückhalten von Informationen ordnungswidrig ist (§ 44 Abs.1 Nr.8 i.v.m. § 29 Abs.4 LAbfG NW). Denn zur Offenbarung befugen nur solche Verbrechen und Vergehen, deren geplante Ausführung nach § 138 StGB angezeigt werden muß oder besonders schwere Wirtschaftsstraftaten.[367]

Der Kaufmann wird aber die Wahrscheinlichkeit der Inanspruchnahme dann schwer begründen können, wenn es nur an ihm liegt, ob die Behörde Kenntnis von der Umweltschädigung erfährt. In einem solchen Fall darf er erst dann die Rückstellung bilden, wenn die zuständige Behörde Kenntnis von den Umweltschäden erlangt, er also die Behörde in Kenntnis gesetzt hat.[368]

Die Ausnahmefälle, in denen der Kaufmann zunächst Rückstellungen bildet und auf der anderen Seite alles daran setzt, daß es zu der Inanspruchnahme aus der Sanierungsverpflichtung nicht kommt, dürfen nicht dazu führen, die Rückstellungsbildung von der Kenntnis der Ordnungsbehörde, oder gar einem Verwaltungsakt abhängig zu machen. Unter "normalen" Umständen, dann also, wenn der Kaufmann nicht alles daran setzt, die Inanspruchnahme zu vereiteln, indem er die Informationen zurückhält und versucht die Umweltgefährdung zu vertuschen, muß ein ordentlicher Kaufmann auf Grund der zunehmenden Tätigkeit der Behörden auf dem Gebiet des Um-

---

[366] Ähnlich *Stephan* StbJb. 1990/91, 148. Zu den einzelnen Fallgruppen "öffentlichen Interesses" vgl. *Kruse*, Lehrbuch des Steuerrechts, Band I, Allgemeiner Teil, S.350 ff. und in *Tipke/Kruse*, AO/FGO[14], § 30 Tz.61: "Achillesferse" des Steuergeheimnisses.
[367] *Kruse* in *Tipke/Kruse*, AO/FGO[14], § 30 Tz.62-66 und Lehrbuch des Steuerrechts, Band I, Allgemeiner Teil, S.351 f.
[368] Gleicher Ansicht *Luig* BB 1992, 2180 (2182).

weltschutzes damit rechnen, daß die Behörde von den Umweltschäden erfährt und ihn für die Beseitigung derselben in Anspruch nimmt.

V. Rückstellung oder Teilwertabschreibung

Von der Kontaminierung seines Betriebsgrundstücks durch Altlasten ist der Kaufmann in zweifacher Weise betroffen.[369] Zum einen sieht er der Inanspruchnahme aus einer Sanierungsverpflichtung entgegen. Zum anderen stellt die Kontaminierung möglicherweise eine Wertminderung des Betriebsgrundstücks dar.

1. Dauernde Wertminderung des Grundstücks

Schadstoffanreicherungen im Boden führen zu einer Wertminderung des Grundstücks, wenn sich aus der Verunreinigung Einschränkungen für die zukünftige Nutzung ergeben.[370] Für den Zeitpunkt der Wertminderung kommt es wie bei der Rückstellung allein darauf an, wann der Kaufmann Kenntnis von der Schadstoffbelastung erlangt, vorausgesetzt, eine Inanspruchnahme durch die zuständige Behörde ist wahrscheinlich, weil diese in Kürze Kenntnis von den Umweltschäden erlangen wird.[371]

Eine solche Wertminderung des kontaminierten Grundstücks könnte der Kaufmann durch eine Teilwertabschreibung berücksichtigen.

Teilwert ist der Betrag, den ein Erwerber des ganzen Betriebes im Rahmen des Gesamtkaufpreises für das einzelne Wirtschaftsgut ansetzen würde, wobei davon auszugehen ist, daß der Erwerber den

---

[369] *Herzig* Wpg. 1991, 610 (615); *Bartels* Wpg. 1992, 74; *Kühnberger/Faatz* BB 1993, 98 (105).
[370] *Gail* StbJb. 1990/91, 67 (91); *Bordewin* BB 1992, 1097 (1100).
[371] *Gail* StbJb. 1990/91, 67 (92).

Betrieb fortführt (§ 6 Abs.1 Nr.1 S.3 EStG). Die Teilwertabschreibung entspricht der Differenz zwischen Buchwert und Teilwert.[372] Im Rahmen einer Betriebsveräußerung im ganzen wird ein kontaminiertes Grundstück nur den Betrag erzielen, der sich aus der Differenz der Wiederbeschaffungskosten abzüglich der Aufwendungen für die Sanierung ergibt.[373]

Eine Abwertungspflicht ergibt sich nach den handelsrechtlichen Vorschriften aber nur dann, wenn die Wertminderung dauerhaft ist (§ 253 Abs.2 S.3 HGB). Die Kontaminierung mit Altlasten führt aber nicht automatisch zu einer dauerhaften Wertminderung des Grundstücks.[374]

Die Wertminderung ist dauerhaft, wenn sie über die Restnutzungsdauer nicht beseitigt werden kann.[375] Dies betrifft zunächst solche Altlasten, die überhaupt nicht beseitigt werden können. Auf der anderen Seite haben reparable Verunreinigungen nicht zwingend zur Folge, daß die Wertminderung lediglich vorübergehend ist.[376]

Fraglich ist, ob die Wertminderung auch dann dauerhaft sein kann, wenn bereits eine rückstellungspflichtige Sanierungsverpflichtung besteht.

Aus Gläubigerschutzgesichtspunkten ist der Begriff "vorübergehende Wertminderung" eng auszulegen.[377] Im Zweifel muß der Kaufmann von einer dauernden Wertminderung ausgehen, es sei denn, konkrete Hinweise deuten auf eine künftige Werterhöhung hin.[378]

---

[372] *Limbach*, Die steuerliche Förderung des Umweltschutzes, S.20.
[373] *Gail* StbJb. 1990/91, 67 (92).
[374] Anderer Ansicht *Bartels* Wpg. 1992, 74 (77).
[375] *Pankow/Lienau/Feyel* in Beck'scher Bilanzkommentar², § 253 HGB Rdnr.295.
[376] Anderer Ansicht *Bordewin* BB 1992, 1097 (1100).
[377] *Herzig* Wpg. 1991, 610 (615).
[378] *Pankow/Lienau/Feyel* in Beck'scher Bilanzkommentar², § 253 HGB Rdnr.295.

Die bloße Möglichkeit späterer Sanierungsmaßnahmen reicht dafür nicht aus. Trotz des Bestehens einer Sanierungsverpflichtung kann deshalb die Wertminderung dauerhaft sein, wenn kein gesichertes Sanierungsverfahren existiert, das den Sanierungserfolg gewährleistet.[379] Eine rückstellungspflichtige Sanierungsverpflichtung liegt bereits dann vor, wenn der Kaufmann von der Verunreinigung weiß, und eine Inspruchnahme durch die Behörde wahrscheinlich ist. Von dem Zeitpunkt der Entdeckung der Altlasten bis zur tatsächlichen Durchführung der Sanierung kann ein längerer Zeitraum verstreichen. Für die Rückstellung ist dieser Zeitraum nicht von Bedeutung, weil eine konkrete Sanierungsverpflichtung besteht und die Inanspruchnahme nicht unwahrscheinlich ist.

Da der Prognosezeitraum für die vorübergehende Wertminderung aber möglichst kurz zu wählen ist,[380] ist ein Nebeneinander von Abschreibungspflicht wegen dauernder Wertminderung (§ 253 Abs.2 S.3 2.HS HGB) und Passivierungspflicht für ungewisse Sanierungsverpflichtungen (§ 249 Abs.1 S.1 1.Alt HGB) möglich.

Wenn eine Sanierungsabsicht besteht, die sich bereits in entsprechenden Plänen konkretisiert hat, oder wenn sogar mit den Sanierungsarbeiten begonnen worden ist, besteht keine dauernde Wertminderung des Grundstücks.[381] Vorübergehend ist die Wertminderung auch dann, wenn die Behörde den Kaufmann bereits auf Beseitigung der Altlasten in Anspruch genommen hat. Dann muß der Kaufmann eine Rückstellung bilden (§ 249 Abs.1 S.1 1.Alt. HGB).[382]

---

[379] *Herzig* Wpg. 1991, 610 (615).
[380] *Pankow/Lienau/Feyel* in Beck'scher Bilanzkommentar², § 253 HGB Rdnr.295.
[381] *Herzig* Wpg. 1991, 610 (615).
[382] *Bordewin* BB 1992, 1097 (1100).

Die Konkurrenzfrage, ob für die zukünftigen Sanierungsaufwendungen eine Rückstellung gebildet oder der geminderten Wert des Grundstücks in Form einer Teilwertabschreibung berücksichtigt werden muß, stellt sich also nur bei einer dauerhaften Wertminderung. Dabei darf der Kaufmann den ergebnis- und vermögensmindernden Faktor "Altlast" aber nur einmal berücksichtigen.[383] Eine doppelte Berücksichtigung ist aus Gläubigerschutzgesichtspunkten nicht erforderlich.[384]

Der Kaufmann berücksichtigt die Altlast als wertmindernder Faktor nicht doppelt, wenn er zunächst eine Teilwertabschreibung vornimmt, zusätzlich aber noch eine Rückstellung in Höhe der durch die Teilwertabschreibung nicht gedeckten Aufwendungen bildet. In diesem Fall bildet der Kaufmann Rückstellungen, nachdem er die dauernde Wertminderung zunächst auf der Aktivseite berücksichtigt hat, der Buchwert des Grundstücks aber nur einen Teil der Sanierungskosten abdecken kann.[385]

Wie aber hat der Kaufmann zu bilanzieren, wenn bei einer dauerhaften Wertminderung sowohl eine Teilwertabschreibung als auch eine Rückstellungsbildung geboten ist?

2. Der Vorrang der Teilwertabschreibung

Bei dauerhafter Wertminderung des Grundstücks muß der Kaufmann eine Teilwertabschreibung vornehmen. Potentielle Erwerber oder Sicherungsnehmer interessieren sich vornehmlich für den Wert

---

[383] Schmidt, EStG[11], § 5 Anm.57 "Umweltschäden"; *Herzig* Wpg. 1991, 610 (615 f); *Bartels* Wpg. 1992, 74 (77); *Kühnberger/Faatz* BB 1993, 98 (105).
[384] *Bartels* Wpg. 1992, 74 (77).
[385] Zu den verschiedenen Fallgruppen in diesem Zusammenhang *Herzig* Wpg. 1991, 610 (617).

des Grundstücks und nicht für eine Sanierungsverpflichtung des Kaufmanns. Zwar ist richtig, daß sich der Erwerber oder Sicherungsnehmer in der Regel nicht allein auf den ausgewiesenen Buchwert verlassen und alle Informationen über das Grundstück verlangen wird.[386] Mit den Grundsätzen der Bilanzklarheit und -wahrheit läßt sich aber nicht vereinbaren, wenn sich der Wert des Grundstücks erst aus einer Verrechnung mit der in Rückstellung gestellten ungewissen Sanierungsverpflichtung ergibt.

Auch *Bartels* räumt ein, daß die bilanzrechtlichen Prinzipien eher für eine aktivische Berücksichtigung der Kontamienierung sprechen.[387] Er will jedoch aus Vereinfachungsgründen der Rückstellung den Vorrang einräumen.

Warum aber die Rückstellungsbildung bilanztechnisch einfacher sein soll als eine entsprechende Teilwertabschreibung, wird nicht deutlich. Beide Methoden beruhen auf einer Schätzung der Aufwendungen im Zusammenhang mit den Sanierungsmaßnahmen. Die aktivische Berücksichtigung der Wertminderung ist nicht mit größeren bilanztechnischen Problemem verbunden als die passivische Berücksichtigung. Letztlich können die Vereinfachungsüberlegungen also nicht überzeugen.[388]

Nach Auffassung *Herzigs*[389] hat die Rückstellung ihre bilanztheoretische Grundlage im Realisationsprinzip, das als grundlegendes Abgrenzungsprinzip dem Imparitätsprinzip vorgehe. Die Teilwertabschreibung basiere auf dem Imparitätsprinzip, das im Rahmen der Gewinnermittlung lediglich eine Ausnahme darstelle. In den Fällen, in denen sowohl eine Teilwertabschreibung als auch eine Rückstel-

---

[386] *Bartels* Wpg. 1992, 74 (82).
[387] Wpg. 1992, 74 (82).
[388] *Herzig* Wpg. 1992, 83.
[389] Wpg. 1991, 610 (618); zustimmend *Schmidt*, EStG[11], § 5 Anm.57 "Umweltschäden".

lung geboten sei, müsse der Kaufmann deshalb der Rückstellung Vorrang vor der Teilwertabschreibung einräumen.[390]

Rückstellungen haben aber nicht die Aufgabe, Gewinn periodengerecht abzugrenzen. Sie dienen der vorsichtigen Gewinnermittlung zum Schutze des Eigenkapitals und zum Schutze der Gläubiger vor zu hoher Gewinnausschüttung und zu hoher Steuerbelastung. Hier überschneiden sich die Teilwertabschreibung und die Rückstellung in ihrer Zielsetzung. Beide haben den Schutz der Gläubiger im Auge und verfolgen somit den gleichen bilanziellen Zweck. Eine Dominanz der Rückstellungsbildung vor der Teilwertabschreibung läßt sich so also nicht begründen.

Der Kaufmann muß bei dauernden Wertminderungen des Grundstücks also der Teilwertabschreibung den Vorrang vor der Rückstellung einräumen. In der Regel handelt es sich bei der Kontaminierung mit Altlasten aber um vorübergehende Wertminderungen des Grundstücks, weil eine konkrete Sanierungsverpflichtung in absehbarer Zeit erfüllt werden muß. In diesem Fall muß der Kaufmann eine Rückstellung bilden.

Hat der Kaufmann wegen der Dauerhaftigkeit der Wertminderung eine Teilwertabschreibung vorgenommen, sind die von ihm zur Beseitigung der Altlasten erforderlichen Aufwendungen Herstellungskosten. Denn ob die Aufwendungen später Herstellungskosten oder Erhaltungsaufwand sind, richtet sich nach der früheren bilanziellen Behandlung des betreffenden Wirtschaftsgutes.[391]

---

[390] *Herzig* Wpg. 1991, 610 (618 f.).
[391] BFH BStBl. 1963 III, 185; *Herrmann/Heuer/Raupach*, EStG, § 6 Anm.499; *Gail* StbJb. 1990/91, 67 (91).

VI. Ergebnis zu § 8

Eine Verpflichtung des Kaufmanns zur Beseitigung vorhandener Altlasten kann sich aus spezialgesetzlichen Regelungen, etwa der immissionschutzrechtlichen Nachsorgeverpflichtung (§ 5 Abs.3 BImSchG), oder aus den polizeirechtlichen Generalnormen ergeben.

Der Kaufmann muß für diese Sanierungsverpflichtung auch dann eine Rückstellung bilden, wenn die zuständige Behörde ihn noch nicht in Anspruch genommen hat. Es kommt wie bei einer zivilrechtlichen Sanierungsverpflichtung darauf an, daß die Inanspruchnahme aus der konkreten Verpflichtung auch wahrscheinlich ist.

Die Inanspruchnahme ist unter Umständen auch dann wahrscheinlich, wenn die zuständige Behörde zwar noch keine Kenntnis von den Umweltschäden erlangt hat, der Kaufmann nach den Umständen aber damit rechnen muß, daß die zuständige Behörde in absehbarer Zeit Kenntnis erlangen wird.

Sind bei einer dauernden Wertminderung des Grundstücks sowohl die Voraussetzungen für eine Rückstellungsbildung als auch die für eine Teilwertabschreibung gegeben, muß der Kaufmann der Teilwertabschreibung den Vorrang einräumen. Ob in einem solchen Fall zusätzlich noch eine Rückstellung geboten ist, hängt davon ab, ob die Teilwertabschreibung die Sanierungskosten in voller Höhe berücksichtigt. Die Aufwendungen im Zusammenhang mit der Sanierung sind in Höhe der zuvor vorgenommenen Teilwertabschreibung Herstellungskosten und kein Erhaltungsaufwand.

§ 9 Rückstellungen für Umweltschutzanpassungsverpflichtungen

Der sich stetig fortentwickelnde Stand der Technik führt dazu, daß eine Maßnahme, die nach heutigem Verständnis für den Umweltschutz noch ausreicht, morgen bereits unzureichend sein kann. Deshalb müssen sowohl Exekutive als auch Legislative auf Grund neuerer naturwissenschaftlicher Erkenntnisse die Grenzwerte für schädigende Umwelteinwirkungen laufend überprüfen und gegebenenfalls anpassen.

Dies geschieht in der Regel durch Vorschriften, die dem betroffenen Kaufmann eine Anpassungsfrist einräumen, in der er alte betriebliche Anlagen in den Zustand versetzen muß, der es ihm erlaubt, die neuen Grenzwerte einzuhalten.

Während bei Rückstellungen für Aufwendungen für Altlastensanierung die Frage im Vordergrund stand, wann die Verpflichtung hinreichend konkret und eine Inanspruchnahme durch die Behörde wahrscheinlich ist, stellt sich bei den Rückstellungen für zukünftige Umweltschutzmaßnahmen die Frage, ob zum Bilanzstichtag bereits eine rückstellungspflichtige Verbindlichkeit besteht, obwohl die Anpassung an den neuen Umweltstandard den Betrieb der Anlagen in späteren Jahren betrifft.

Sowohl der Zeitpunkt der rechtlichen Entstehung als auch der der wirtschaftliche Verursachung der Anpassungsverpflichtung kommen für eine Rückstellung in Betracht.

I. Rechtliches Entstehen und wirtschaftliche Verursachung der Umweltschutzanpassungsverpflichtung

Der Verbindlichkeitsbegriff, der auch den Umweltverbindlichkeiten zugrunde liegt, erfordert eine wirtschaftlichen Betrachtungsweise.[392] Die wirtschaftliche Betrachtungsweise bedeutet ein Bekenntnis zu einer von der zivilrechtlichen losgelösten steuerrechtlichen Begriffsbildung.[393] Ließe man nur bei rechtlich entstandenen Verpflichtungen Rückstellungen zu, bestünde die Gefahr, daß der Kaufmann nicht alle Verbindlichkeiten erfaßt, die sein Vermögen zum Bilanzstichtag belasten. Die wirtschaftliche Betrachtungsweise ist eine rechtlich gebotene Methode der Auslegung von Steuertatbeständen und steht nicht im Gegensatz zur rechtlichen Betrachtung, weil sie das Fehlen eines gesetzlichen Tatbestands oder -merkmals nicht ersetzen kann.[394]

Im Bilanzsteuerrecht ist die wirtschaftliche Betrachtungsweise insbesondere bei der Beurteilung des Aktivierungs- oder Passivierungszeitpunkts für Forderungen oder Verbindlichkeiten relevant. Das heißt, für den Zeitpunkt der Passivierung oder Aktivierung kommt es nicht nur auf den Zeitpunkt des rechtlichen Entstehens der Forderung oder Verbindlichkeit an, sondern auch darauf, ob zum Bilanzstichtag wirtschaftlich eine Vermögensmehrung oder -minderung eingetreten ist.[395] Dabei ist aber die wirtschaftliche Betrachtungsweise von der betriebswirtschaftlichen Betrachtungsweise zu unterscheiden.[396]

---

[392] *Moxter*, Festschrift Forster, 427 (429).
[393] *Kruse* in *Tipke/Kruse*, AO/FGO[14], § 4 Tz.107.
[394] *Kruse* in *Tipke/Kruse*, AO/FGO[14], § 4 Tz.107; *Döllerer* JbFfSt. 1979/80,195(202); *Beisse* StuW 1984,1(12); *Groh* StuW 1989,227(231).
[395] *Döllerer* JbFfSt. 1979/80, 195 (202).
[396] *Döllerer* JbFfSt. 1979/80, 195 (202); *Beisse* StuW 1984, 1 (12): "Der Gegensatz ist nur die notwendige Folge der Eigenständigkeit von Bilanzrecht und Betriebswirtschaftslehre"; *Moxter* StuW 1989, 232.

Für den Kaufmann, der eine Umweltschutzverpflichtung passiviert, sind zunächst deren rechtlichen Entstehungstatbestände von Bedeutung. Eine (Umweltschutz-)Verpflichtung ist dann rechtlich entstanden, wenn alle Tatbestandsmerkmale verwirklicht sind, an die das Gesetz oder der Vertrag die Rechtsfolge des Entstehens der Verpflichtung knüpft. Dabei stehen die Tatbestandmerkmale gleichwertig nebeneinander. Die Entstehung der Verbindlichkeit ist also an die Erfüllung aller Tatbestandsmerkmale geknüpft.[397]

Das rechtliche Entstehen ist aber weder hinreichende noch notwendige Bedingung für das Entstehen einer bilanzrechtlichen Verbindlichkeit:[398]

Hinreichende Bedingung schon deshalb nicht, weil der Kaufmann auch eine rechtlich entstandene Verbindlichkeit nicht berücksichtigen darf, wenn mit einer Inanspruchnahme durch den Gläubiger nicht zu rechnen ist. Die Inanspruchnahme muß wahrscheinlich sein, die bloße Möglichkeit reicht nicht aus.[399]

Das rechtliche Entstehen einer Verbindlichkeit ist auch nicht *notwendige Bedingung*, weil der Kaufmann auch faktische Verbindlichkeiten (§ 249 Abs.1 S.2 Nr.2 HG), also auch faktische Umweltschutzverpflichtungen, berücksichtigen muß.

Entscheidend für den Passivierungszeitpunkt ist, ob die Verpflichtung am Bilanzstichtag eine wirtschaftliche Belastung darstellt.[400] Dabei verwischen oft die Begriffe "hinreichende Konkretisierung", "wirtschaftliche Verursachung" und "rechtliche Entstehung".

---

[397] *Naumann* Wpg. 1991, 529.
[398] *Moxter*, Festschrift Forster, 427 (429).
[399] *Knobbe-Keuk*, Bilanz- und Unternehmenssteuerrecht^8, 108; *Clemm/Nonnenmacher* in Beck'scher Bilanzkommentar^2, § 249 HGB Rdnr. 53.
[400] *Moxter*, Festschrift Forster, 427 (429); *Döllerer* JbFfSt. 1979/80, 195 (202).

1. Die Abgrenzungskriterien des Bundesfinanzhofs

Nach Ansicht des Bundesfinanzhofs belastet eine ungewisse Verbindlichkeit das Vermögen des Kaufmanns, wenn sie im abgelaufenen Wirtschaftsjahr "wirtschaftlich verursacht" ist. Dies sei der Fall wenn die Verbindlichkeit

"so eng mit dem betrieblichen Geschehen des abgelaufenen Wirtschaftsjahres verknüpft ist, daß es gerechtfertigt erscheint, sie wirtschaftlich als eine bereits am Bilanzstichtag bestehende Verbindlichkeit anzusehen".[401]

Diese Verknüpfung ergebe sich dann,

"wenn das Entstehen der Verbindlichkeit nur noch von wirtschaftlich unwesentlichen Tatbestandsmerkmalen abhängt und damit der Tatbestand, an den das Gesetz das Entstehen der Verbindlichkeit knüpft, im wesentlichen bereits verwirklicht ist".[402]

Welches unter mehreren Tatbestandsmerkmalen ist aber so wesentlich, daß seine Verwirklichung zu einer wirtschaftlichen Belastung des Kaufmanns führt? Nach welcher Abstufung sind wesentliche von unwesentlichen Tatbestandsmerkmalen zu unterscheiden, wo doch zur rechtlichen Entstehung einer Verbindlichkeit alle Tatbestandmerkmale erfüllt sein müssen?[403]

Die Formulierung des Bundesfinanzhofs ist nicht präzise genug, weil sie die entscheidenden Gesichtspunkte vermissen läßt, die für

---

[401] BFH BStBl. 1989 II, 893 (895).
[402] BFH BStBl. 1985 II, 44 (46); BStBl. 1989 II, 893 (895) m.w.N. zur ständigen Rechtsprechung.
[403] *Naumann* Wpg. 1991, 529.

die wirtschaftliche Zurechnung von Bedeutung sind.[404] Solange nicht feststeht, worin die Wesentlichkeit von Tatbestandsmerkmalen besteht, kann der Kaufmann die Rückstellungsfähigkeit ungewisser Verbindlichkeiten nicht zuverlässig beurteilen.[405] Darüber hinaus birgt die Formulierung des Bundesfinanzhofs in sich die "Gefahr einer zu sehr formal-rechtlichen Betrachtungsweise".[406]

Wenn der Bundesfinanzhof den Passivierungszeitpunkt für Verbindlichkeitsrückstellungen an die Verwirklichung von Tatbestandsmerkmalen knüpft, ist die wirtschaftliche Entstehung der Verbindlichkeit, nicht aber die eigentliche "wirtschaftliche Verursachung" im betriebswirtschaftlichen Verständnis gemeint.[407] Obwohl der Bundesfinanzhof also von "wirtschaftlicher Verursachung" spricht, prüft er tatsächlich die "wirtschaftliche Entstehung", wenn er danach fragt, wann der Prozeß der rechtlichen Entstehung so weit fortgeschritten ist, daß die Verbindlichkeit am Bilanzstichtag als wirtschaftlich bestehende Belastung anzusehen ist.[408]

Mit seinen Formulierungen hat der Bundesfinanzhof nicht zu einer Objektivierung des Passivierungszeitpunkts für Verbindlichkeitsrückstellungen beigetragen. Die Anknüpfung an "wirtschaftlich wesentliche Tatbestandsmerkmale"[409] führt nur zu einer "kasuistischen Auffächerung" des Passivierungszeitpunktes.[410] Bei der Frage, zu welchem Zeitpunkt der Kaufmann eine Umweltverbindlichkeit passivieren muß, führen die Formulierungen nicht weiter.

---

[404] *Moxter*, Festschrift Döllerer, 447 (456).
[405] *Clemm/Nonnenmacher* in Beck'scher Bilanzkommentar², § 249 HGB Rdnr.44.
[406] *Clemm/Nonnenmacher* in Beck'scher Bilanzkommentar², § 249 HGB Rdnr.44; *Kammann* DStR 1980, 400 (406).
[407] *Jonas* DB 1986, 337 (342).
[408] *Döllerer* DStR 1979, 3 (5); *Clemm/Nonnenmacher* in Beck'scher Bilanzkommentar², § 249 HGB Rdnr.44.
[409] BFH BStBl. 1985 II, 44 (46); BStBl. 1989 II, 893 (895).
[410] *Moxter,*, Festschrift Forster, 427 (431).

2. Das Realisationsprinzip als Abgrenzungskriterium

Nach Auffassung einiger Vertreter in der Literatur gilt das Realisationsprinzip als grundlegendes Prinzip sowohl auf der Aktiv- als auch auf der Passivseite der Bilanz.[411]

Mit Hilfe von Rückstellungen soll der Kaufmann die Verbindlichkeiten dem Wirtschaftsjahr zuordnen, in dem sich die Ereignisse zugetragen haben, die letztlich zur Entstehung der Verbindlichkeit führten.[412] Die künftigen Aufwendungen, etwa für die Beseitigung von Umweltschäden, seien dem Geschäftsjahr zuzurechnen, in dem die zugehörigen Erträge berücksichtigt wurden.[413]

Hat sich damit die dynamische Bilanzlehre über die "wirtschaftliche Verursachung" in den Rückstellungsbegriff "eingeschlichen"?[414]

Nach Ansicht *Moxters*[415] ist dies schon deshalb nicht der Fall, weil die Grundsätze periodengerechter Gewinnermittlung und das Realisationsprinzip zu Unrecht der dynamischen Bilanzauffassung zugeschrieben werden. Zwar sei richtig, daß *Schmalenbach*[416] als einer der wichtigsten Vertreter der dynamischen Bilanzauffassung ein entschiedener Verfechter periodengerechter Gewinnermittlung war. Der dynamische Grundsatz periodengerechter Gewinnermittlung habe aber einen anderen Inhalt als der im modernen statischen Bilanzrecht. Das Prinzip periodengerechter Gewinnermittlung sei

---

[411] *Herzig* DB 1990, 1341 (1347); *Eibelshäuser* BB 1987, 860 (861).
[412] *Moxter*, Bilanzrechtsprechung², 50.
[413] *Adler/Düring/Schmaltz*, Rechnungslegung und Prüfung der Unternehmen⁵, § 249 HGB Rdnr.68,70; *Herzig* DB 1990, 1341 (1347) und Wpg. 1991, 610 (618); *Moxter*, Festschrift Döllerer, 447 (457).
[414] So *Döllerer*, DStR 1979, 1 (5).
[415] Festschrift Döllerer, 447 f., 456 f.
[416] Dynamische Bilanz¹³, S.49.

eine direkte Folge des Realisationsprinzips, wonach Umsatz und Ertrag umsatzgebunden zu ermitteln seien.

Das Realisationsprinzip steht nur solange als grundlegendes Abgrenzungskriterium auf der Passivseite zu Verfügung, als nicht andere Objektivierungsmerkmale vorhanden sind. Denn für die "Bilanz im Rechtssinne"[417] sind Objektivierungs- und Vereinfachungsprinzipien erforderlich, anhand derer der Kaufmann seine Vermögenslage vollständig darstellen kann. Auch das Prinzip periodengerechter Gewinnermittlung muß um solche Objektivierungs- und Vereinfachungsprinzipien ergänzt werden,[418] soll die Bilanz nicht zum Instrument betriebswirtschaftlicher Erfolgsrechnung degenerieren. In Ermangelung solcher Objektivierungsprinzipien muß der Kaufmann aber auf das Realisationsprinzip zurückgreifen dürfen.

So verhält es sich auch bei Verbindlichkeitsrückstellungen. Die Bedeutung der wirtschaftlichen Betrachtungsweise im Bilanzrecht liegt nämlich darin, den nach statischen Grundsätzen geforderten (möglichst) vollständigen Schuldenausweis (§ 246 Abs.1 HGB) zu gewährleisten.[419] Denn nur dann, wenn der Kaufmann nicht nur für rechtlich entstandene, sondern auch für wirtschaftlich belastende ungewisse Verbindlichkeiten eine Rückstellung bilden muß, kann die Rückstellung ihren Zweck erfüllen.

Dies gilt auch für Rückstellungen für Umweltverbindlichkeiten. Im der Regel stehen die Aufwendungen für die Beseitigung vorhandener Umweltschäden im Zusammenhang mit früherer betrieblicher Tätigkeit. Sie sind also bereits in den abgelaufenen Wirtschaftsjahren wirschaftlich verursacht und belasten das Vermögen des Kauf-

---

[417] *Döllerer* JbFfSt. 1979/80, 195.
[418] *Moxter*, Festschrift Döllerer, 447 (456).
[419] *Kammann* DStR 1980, 400 (406).

manns zum Bilanzstichtag. Dies ist vor allem bei der Verpflichtung zur Altlastensanierung der Fall. Für noch nicht rechtlich entstandene Anpassungsverpflichtungen hingegen, die mit zukünftigen Erträgen im Zusammenhang stehen, darf der Kaufmann keine Verbindlichkeitsrückstellungen bilden.

3. Wirtschaftliche Verursachung vor rechtlichem Entstehen

Soweit die Umweltschutzverpflichtung rechtlich entstanden ist und mit vergangenen Wirtschaftsjahren wirtschaftlich im Zusammenhang steht, bestehen keine Bedenken gegen die Rückstellungsbildung. Der Kaufmann hat eine Verbindlichkeitsrückstellung zu bilden. Der Passivierungszeitpunkt wird in diesen Fällen vom Zeitpunkt des rechtlichen Entstehens auf den der wirtschaftlichen Verursachung der Umweltverbindlichkeit vorverlagert. Danach hat der Kaufmann solche Verbindlichkeiten zu passivieren, die, wenn schon nicht rechtlich entstanden, so doch *wenigstens* "wirtschaftlich verursacht" sind.

Dies entspricht auch der Formulierung des Bundesfinanzhofs, wonach die Verbindlichkeit *entweder* rechtlich voll wirksam entstanden oder doch *wenigstens* wirtschaftlich verursacht sein muß.[420]

4. Wirtschaftliche Verursachung nach rechtlichem Entstehen

Muß der Kaufmann auch dann eine Rückstellung bilden, wenn die rechtliche Entstehung der Umweltverbindlichkeit vor ihrer wirtschaftlichen Verursachung liegt?

---

[420] Seit BFH BStBl. 1968 II, 544 ständige Rechtsprechung; zuletzt BFH BStBl. 1992 II, 336 (337); BStBl. 1992 II, 600 (601).

Neben den auf dem Gebiet des Umweltschutzes häufigen Anpassungsvorschriften ist ein Auseinanderfallen von "wirtschaftlicher Verursachung" und rechtlichem Entstehen insbesondere bei öffentlich-rechtlichen Verpflichtungen auf dem Gebiet des Landschafts- und Umweltschutzes denkbar. Landesgesetzliche Regelungen sehen eine Verpflichtung zur Rekultivierung von Landschaften vor, die durch Tage- und Untertageabbau von Bodenschätzen aufgetreten sind.[421] Bevor der Kaufmann mit den Bodenschätzen Erträge erwirtschaftet, ist er in diesen Fällen bereits verpflichtet, die Landschaft so wiederherzustellen, wie sie vor dem Tage- oder Untertageabbau ausgesehen hat.

Vergleichbar ist auch die Situation bei der Entsorgung eines Kernkraftwerkes. Mit der Errichtung und Inbetriebnahme eines Kernkraftwerkes entsteht die Verpflichtung zur Entsorgung desselben nach Ablauf der Nutzungsdauer (§ 9a Abs.1 AtG).[422]

Den Fällen ist gemeinsam, daß die entsprechende (öffentlich-rechtliche) Umweltschutzverpflichtung rechtlich bereits entstanden ist, obwohl dem zur Erfüllung dieser Verbindlichkeiten erforderlichen Aufwand noch keine erwirtschafteten Erträge gegenüber stehen.

Ein Teil der betriebswirtschaftlichen Literatur will bei einem solchen Auseinanderfallen keine Rückstellungen zulassen.[423] Die

---

[421] Für Nordrhein-Westfalen: Abgrabungsgesetz NRW vom 23.11.1979, GV NW S.922; vgl. *Bartke* DB 1978, Beilage 4, der einen Überblick über Verpflichtungen im Bereich des Bergbaus und deren Rückstellungsrelevanz gibt.
[422] *Naumann* Wpg. 1991, 529 (534); zu den Verpflichtungstatbeständen des Atomgesetzes: *Reinhard*, Energiewirtschaftliche Tagesfragen 1982, 657.
[423] *Gail* in *Albach/Forster Hrsg*, Beiträge zum Bilanzrichtliniengesetz, S.51 (60f.); *Herzig* DB 1990, 1341 (1347); *Naumann* Wpg. 1991, 529 (536).

Verpflichtung sei erst nach und nach, mit der wirtschaftlichen Nutzung und der Erwirtschaftung von Erträgen wirtschaftlich verursacht und verpflichte den Kaufmann deshalb nicht bereits zum Zeitpunkt ihrer rechtlichen Entstehung eine Rückstellung zu bilden. Ähnlich argumentiert der Dritte Senat beim Bundesfinanzhof, wenn er ausführt, es bedürfe keiner abschließenden Entscheidung der Frage, ob eine Verbindlichkeit rechtlich entstanden sei, weil es *jedenfalls* an der wirtschaftlichen Verursachung der Verbindlichkeit fehle.[424]

Wendet man das Realisationsprinzip derart konsequent an, wirkt es rückstellungsbegrenzend.[425] Für eine Verbindlichkeit, die rechtlich zwar voll entstanden ist, d.h. alle Tatbestandsmerkmale sind bereits verwirklicht, soll der Kaufmann keine Rückstellung bilden, weil der Verbindlichkeit keine in der Vergangenheit realisierten Erträge, sondern nur zukünftige Erträge gegenüberstehen.

Dieses Ergebnis stößt auf erhebliche Bedenken. Eine rechtlich voll entstandene, bezüglich ihrer Höhe jedoch ungewisse Verbindlichkeit, muß der Kaufmann in seiner Bilanz berücksichtigen, will er nicht gegen den Vollständigkeitsgrundsatz (§ 246 Abs.1 HGB) verstoßen.[426] Die rechtlich entstandene Verbindlichkeit ist unabhängig von ihrer wirtschaftlichen Verursachung zu bilanzieren.[427]

Dabei sind diese Verbindlichkeiten von denen zu unterscheiden, deren rechtliches Entstehen erst an die Erwirtschaftung zukünftiger Erträge geknüpft ist. Bei einer solchen Verbindlichkeit handelt es sich um eine aufschiebend bedingte, die erst mit Eintritt der Bedingung eine wirtschaftliche Belastung und damit eine bilanzrechtliche

---

[424] "Arzneimittelurteil" BFH BStBl. 1989 II, 893 (894).
[425] *Herzig* DB 1990, 1341 (1347).
[426] *Günkel* StBJb. 1990/91, S.97 (108); *Clemm/ Nonnenmacher* in Beck'scher Bilanzkommentar², § 249 HGB Rdnr. 41.
[427] *Weber* StBJb. 1990/91, 142.

Schuld begründet.[428] Solche Verbindlichkeiten darf der Kaufmann nicht berücksichtigen, auch nicht in Form von Rückstellungen.[429]

Bei den Umweltschutzverpflichtungen handelt es sich aber um solche, deren rechtliches Entstehen nicht von zukünftigen Gewinnen abhängt. Zwar stehen die Aufwendungen für die Umweltschutzmaßnahmen mit zukünftigen Erträgen im Zusammenhang; die rechtliche Verpflichtung besteht aber unabhängig davon bereits am Bilanzstichtag. Zum Beispiel besteht unabhängig von dem zukünftigen Betrieb des Kernkraftwerkes die Verpflichtung zur Entsorgung desselben nach Betriebseinstellung bereits zum Bilanzstichtag. Die Umweltschutzverpflichtung ist also bereits zum Bilanzstichtag rechtlich existent, so daß der Kaufmann sie bei Aufstellung der Bilanz nicht ignorieren darf.

Im "Arzneimittelurteil"[430] hatte der Dritte Senat beim Bundesfinanzhof zu entscheiden, ob der Betreiber einer chemischen Fabrik Rückstellungen für die Verpflichtung zur Analyse und Registrierung von Arzneimitteln, die über das Jahr 1989 hinaus in den Verkehr gebracht werden sollen, bilden durfte. Nach §§ 22 Abs.2, 24 Arzneimittelgesetz[431] müssen Arzneimittel, die in den Verkehr gebracht werden sollen, zuvor einer Analyse durch das Bundesgesundheitsamt unterworfen werden. Arzneimittel, die bei Inkrafttreten des Gesetzes bereits im Verkehr waren, gelten bis zum 31. Dezember 1989 als zugelassen, danach dürfen sie nur dann verwandt werden, wenn sie ebenfalls analysiert wurden (Art.3 § 7 Abs.3 Gesetz zur Neuordnung des Arzneimittelrechts[432]).

---

[428] *Knobbe-Keuk*, Bilanz- und Unternehmenssteuerrecht^8, 100.
[429] *Schmidt*, EStG^{11}, § 5 Anm.36a; *Knobbe-Keuk*, Bilanz- und Unternehmenssteuerrecht^8, 100 FN. 235; BFH BStBl. 1980 II, 741 (742).
[430] BFH BStBl. 1989 II, 893.
[431] Vom 24.8.1976 BGBl. I S.2448.
[432] Vom 24.8.1976 BGBl. I S.2445 (2477).

Der Bundesfinanzhof hat die Rückstellung für die Aufwendungen im Zusammenhang mit der Arzneimittelanalyse nicht zugelassen. Das Urteil ist im Ergebnis zutreffend, weil in dem dort zu entscheidenden Fall *weder* die rechtliche Verpflichtung, *noch* die wirtschaftliche Verursachung zum Bilanzstichtag vorlagen.[433] Zum Bilanzstichtag bestand keine Verpflichtung, die Alt-Arzneimittel zu analysieren und die geplanten Analyseaufwendungen hingen auch nicht mit Vorgängen vergangener Geschäftsjahre zusammen, weil sie die Kosten des Inverkehrbringens von Arzneimitteln in zukünftigen Jahren betreffen. Daraus aber die Tendenz abzulesen, der Bundesfinanzhof stelle nunmehr allein auf die wirtschaftliche Verursachung statt auf die rechtliche Entstehung einer Verbindlichkeit ab, steht im Widerspruch zu anderen Urteilen, etwa dem "Hubschrauberurteil"[434], in dem der Bundesfinanzhof die rechtliche Entstehung stärker bewertet als die "wenigstens" wirtschaftliche Verursachung.

Mit dem Urteil sollten Rückstellungen für rechtlich verbindliche Verpflichtungen nicht eingeschränkt werden, sonst hätte der Bundesfinanzhof auf die Änderung der bisherigen Rechtsprechung hingewiesen.[435] In der jüngsten Entscheidung zu Rückstellungen wegen der Verpflichtung zu Uferschutzarbeiten stellt der Bundesfinanzhof klar, daß die Frage der wirtschaftlichen Verursachung nur die künftig entstehenden, nicht aber die bereits rechtlich entstandenen Verbindlichkeiten betrifft.[436]

Beim Auseinanderfallen von wirtschaftlicher Verursachung und rechtlichem Entstehen einer Verbindlichkeit ist also der frühere Zeitpunkt maßgeblich.[437]

---

[433] *Günkel* StbJb. 1990/91, 144.
[434] BFH BStBl. 1987 II, 848.
[435] *Herden* StbJb. 1990/91, 143 f.
[436] BFH BStBl. 1992 II, 336 (337).
[437] *Günkel* StbJb. 1990/91, 97 (108); *Bartels* BB 1992, 1311 (1314) unter Hinweis auf BFH BStBl. 1970 II, 104 (106).

Deshalb muß der Kaufmann eine rechtlich entstandene ungewisse Verbindlichkeit mit Hilfe einer Rückstellung bilanziell berücksichtigen, auch wenn diese Verbindlichkeit nicht mit in der Vergangenheit erwirtschafteten Erträgen im Zusammenhang steht.

5. Die Höhe der Rückstellung

Der Kaufmann hat die Umweltverbindlichkeit in voller Höhe zu passivieren, wenn sie rechtlich voll entstanden ist, d.h., er hat sie mit dem Anschaffungswert gegebenenfalls mit dem höheren Teilwert zu bewerten (§ 6 Abs.1 Nr.3 EStG).[438] Nur ein vollständiger Ausweis der Rückstellung entspricht dem Sinn der Rechnungslegung, der Darstellung der wirtschaftlichen Situation nach außen.[439]

Dies führt vor allem dann zu Problemen, wenn die mit der Erfüllung der Umweltschutzverpflichtung verbundenen Aufwendungen sehr hoch sind, und die Erwirtschaftung von Erträgen, aus denen diese Aufwendungen bedient werden sollen, über einen großen Zeitraum erfolgen soll.

Mit der Inbetriebnahme eines Kernkraftwerkes entsteht die (öffentlich-rechtliche) Entsorgungsverpflichtung.[440] Der Kaufmann muß für diese Entsorgungsverpflichtung eine Rückstellung bilden, weil sie rechtlich mit der Inbetriebnahme des Kraftwerkes entstanden ist.

---

[438] *Schmidt*, EStG[11], § 5 Anm.44.
[439] Finanzgericht Münster BB 1991, 874.
[440] § 9a Abs.1 Atomgesetz; dazu *Reinhard* Energiewirtschaftliche Tagesfragen 1982, 657.

§ 9 Rückstellungen für Anpassungsverpflichtungen

Dennoch lassen die Finanzverwaltung[441] und die Vertreter der Literatur[442] eine Ansammlung der Rückstellungen über den Zeitraum der Nutzung des Kernkraftwerkes zu. Diese ratierliche Ansammlung von Rückstellungen entspricht im wesentlichen der Praxis bei Rückstellungen für Rekultivierungsverpflichtungen.

Bei Rekultivierungsverpflichtungen, etwa der Verpflichtung zur Auffüllung von Schächten und Gruben nach dem Abbau von Bodenschätzen, muß der Kaufmann die Rückstellungen über den Abbauzeitraum ansammeln. Soweit die einschlägigen Landesgesetze bestimmen, daß infolge des Abbaus der Bodenschätze auch die Verpflichtung zur späteren Verfüllen derselben nach und nach entsteht, sind mit Entstehen der Verbindlichkeit, d.h. mit Abbau der Bodenschätze, auch die Rückstellungen zu bilden.[443] Bis zur Einstellung des Abbaus hat der Kaufmann die Rückstellungen auf volle Höhe anzusammeln, weil dann auch erst die Verbindlichkeit in voller Höhe besteht.

Der Unterschied zur Entsorgungsverpflichtung bei Kernkraftwerken liegt darin, daß bei Rekultivierungsverpflichtungen die Verpflichtungen parallel mit dem Abbau der Bodenschätze entstehen, wäh-

---

[441] BMF-Schreiben vom 29.9.1975: Ertragsteuerliche Fragen im Zusammenhang mit dem Betrieb von Kernkraftwerken; vom 14.11.1979: Bilanzierungsfragen im Bereich der Elektrizitätswirtschaft; vom 24.1.1980: Bewertungsrechtliche Fragen im Zusammenhang mit dem Betrieb von Kernkraftwerken (alle Schreiben in Auszügen abgedruckt bei *Reinhard* Energiewirtschaftliche Tagesfragen 1982, 657).

[442] *Clemm/Nonnemacher* in Beck'scher Bilanzkommentar², § 249 HGB Rdnr. 100 "Dekontaminierungskosten"; *Reinhard* Energiewirtschaftliche Tagesfragen 1982, 657; *Naumann* Wpg. 1991, 529 (534); vgl. auch *Lempenau* StbJb. 1990/91, 153; *Herden* StbJb. 1990/91, 154.

[443] BFH BStBl. 1975 II, 480; BStBl. 1983 II, 670; *Clemm/Nonnemacher* in Beck'scher Bilanzkommentar², § 249 HGB Rdnr.100 "Rekultivierung"; *Bartke* DB 1978, Beilage 4, S.7; *Naumann*, Die Bewertung von Rückstellungen, S.268 f..

rend die Verpflichtung zur späteren Entsorgung eines Kernkraftwerkes bereits mit dessen Inbetriebnahme entstanden ist (§ 9a Abs.1 AtG).[444]

Rechtliche Bedenken gegen die Ansammlung von Rückstellungen bestehen deshalb, weil die Rückstellungen dann in Abhängigkeit zu den in Zukunft erwirtschafteten Erträgen stehen, obwohl die Entsorgungsverpflichtung bereits voll zu dem Zeitpunkt entstanden ist, zu dem das Kernkraftwerk seinen kontaminierenden Betrieb aufnimmt. Dies wird vor allem dann relevant, wenn die geplante Nutzungsdauer, etwa durch die behördlich verfügte Stillegung des Kraftwerkes im Wege des Entzugs der Betriebsgenehmigung, nicht eingehalten werden kann. Auch wenn ein Kraftwerk noch gar nicht in Betrieb genommen wurde, radioaktive Abfälle aber angefallen sind, ist der Kaufmann zur Entsorgung derselben verpflichtet (§ 9a Abs.1 AtG). Sammelt der Kaufmann die Rückstellungen über die Nutzungsdauer an, so muß er in einem solchen Fall eine außerordentliche Aufstokkung der Rückstellung vornehmen, sobald sich das für ihn ungünstige Ereignis hinreichend konkretisiert hat.[445]

Geht man mit dem "going-concern"-Prinzip (§ 252 Abs.1 Nr.2 HGB) davon aus, daß das Kraftwerk tatsächlich über die gewöhnliche Nutzungsdauer betrieben wird, stößt das Ansammeln von Rückstellungen trotzdem auf Bedenken. Sobald eine Verbindlichkeit rechtlich entstanden ist, muß der Kaufmann sie in seiner Bilanz berücksichtigen. Wenn sich der Kaufmann heute verpflichtet, für die zukünftige Entsorgung von Schadstoffen auf seinem Betriebsgelände pauschal eine bestimmte Geldsumme zu einem bestimmten Zeitpunkt nach Ablauf der Nutzungsdauer zu zahlen, muß er diese Verbindlichkeit, ungeachtet ihrer Fälligkeit, in voller Höhe passivieren.

---

[444] *Günkel* StbJb. 1990/91, 97 (120).
[445] *Naumann* Wpg. 1991, 529 (536).

Für eine Verbindlichkeit, die bezüglich ihrer Höhe noch ungewiß ist, das heißt zum Bilanzstichtag nicht genau bestimmbar ist, darf unter Gläubigerschutzgesichtspunkten nichts anderes gelten.

Der Kaufmann muß für rechtlich entstandene ungewisse Verbindlichkeiten Rückstellungen in voller Höhe bilden, will er nicht gegen den Grundsatz des vollständigen Schuldenausweises (§ 246 Abs.1 HGB) verstoßen. Wer auch bei rechtlich entstandenen Umweltverbindlichkeiten für die Passivierung auf deren wirtschaftliche Verursachung im Sinne des Realisationsprinzips abstellt, will zurück zur dynamischen Bilanz alter Couleur. Mit der "Bilanz im Rechtssinne"[446] hat eine solche Passivierungspraxis nichts zu tun.[447]

Wenn die Finanzverwaltung bei der Entsorgungsverpflichtung für Kernkraftwerke dennoch eine ratierliche Bildung von Rückstellungen zuläßt, ist dies in Hinblick auf die Hohen Kosten wirtschaftlich sinnvoll. Denn die Aufwendungen für die Entsorgung eines Kernkraftwerkes übersteigen möglicherweise die Herstellungskosten. Besteht gleichzeitig die Verpflichtung, Rückstellungen in voller Höhe zu bilden, entsteht möglicherweise ein Verlust am Tage der Inbetriebnahme des Kraftwerkes.

Eine ratierliche Bildung von Rückstellungen für Verpflichtungen, die rechtlich entstanden sind, ist mit dem geltenden Recht und dem Gläubigerschutz nicht vereinbar. Soll der Kaufmann nur ratierlich Rückstellungen bilden, bedarf es einer diesbezüglichen Ausnahmeregelung.

---

[446] *Döllerer* JbFfSt. 1978/79, 195.
[447] *Weber* StbJb. 1990/91, 145 f.

6. Die Aktivierung eines Ausgleichspostens

Bildet der Kaufmann die Rückstellung für die Entsorgungsverpflichtung in voller Höhe, so führt das zur sofortigen Minderung des Gewinns, gegebenenfalls zu einem Verlust, den der Kaufmann nur begrenzt mit Gewinnen nachfolgender Jahre verrechnen kann (§ 10 d EStG).

Diesem, für ihn möglicherweise "wirtschaftlich unbefriedigendem Ergebnis",[448] könnte der Kaufmann durch Aktivierung eines Ausgleichspostens entgegentreten, den er im Laufe der Nutzungsdauer seiner Abnutzung entsprechend abschreiben müßte.

Dagegen sprechen jedoch die Aktivierungsvorschriften des Handelsrechts.[449] Die Aktivierung als immaterielles Wirtschaftsgut "Entsorgungsmaßnahme" scheitert an dem Aktivierungsverbot für nicht entgeltlich erworbene immaterielle Wirtschaftsgüter (§ 5 Abs.2 EStG). Da die Entsorgungsaufwendungen keine Kosten für die Inbetriebnahme der Anlage sind, kann der Kaufmann sie auch nicht als Anschaffungs- oder Herstellungskosten (§ 255 HGB) aktivieren. Für die Aktivierung eines aktiven Rechnungsabgrenzungsposten fehlt es schließlich an den Voraussetzungen des § 250 Abs.1 HGB, der den Ausweis sogenannter antizipativer Posten (Aufwand heute/Ausgabe nach dem abgelaufenen Geschäftsjahr) nicht zuläßt.[450]

Deshalb ist ein Ausgleich für die in voller Höhe zu passivierenden Rückstellungen auf der Aktivseite nicht möglich.

---

[448] *Schülen* Wpg. 1983, 658 (664).
[449] *Naumann*, Die Bewertung von Rückstellungen, S.271.
[450] *Sarx/Fricke* in Beck'scher Bilanzkommentar², § 250 HGB Rdnr.4.

7. Ergebnis zu I.

Die Passivierungspflicht bei rechtlich voll entstandenen Verpflichtungen folgt ungeachtet ihrer wirtschaftlichen Verursachung aus dem Gebot des vollständigen Schuldenausweises.[451] Verbindlichkeitsrückstellungen sind demnach für solche Verpflichtungen zu bilden, die entweder rechtlich entstanden, oder *wenigstens* wirtschaftlich verursacht sind.

Folgt die wirtschaftliche Verursachung zeitlich nach der rechtlichen Entstehung der Verbindlichkeit, so führte die Anwendung des Realisationsprinzips zu einer Bilanz, die die Schulden des Kaufmanns nicht vollständig wiedergibt. Deshalb ist in solchen Fällen auf den früheren Zeitpunkt des rechtlichen Entstehens abzustellen.

II. Die Anpassungsverpflichtung nach der TA-Luft

Die Verwaltung ist ermächtigt, zur Anpassung des Umweltschutzrechts an den jeweiligen Stand der Umwelttechnik, Verwaltungsvorschriften zu erlassen. Ermächtigungsgrundlagen finden sich zum Beispiel in § 14, 15 Abs.2 Abfallgesetz, § 6 Abs.1 Strahlenschutzvorsorgegesetz[452] oder in § 48 Bundesimmissionsschutzgesetz.

Die auf Grund dieser Ermächtigungsgrundlagen erlassenen Verwaltungsvorschriften sind zunächst nur für die Verwaltung bindend. Sie entfalten aber auch Bindungswirkung über die Verwaltung hinaus.[453] Denn soweit die Verwaltung bei Erlaß von Umweltstandards einen Standardisierungsspielraum hat, besteht die Aufgabe der Rechtsprechung nur noch darin, die Einhaltung des Umwelt-

---

[451] *Clemm/Nonnenmacher* in Beck'scher Bilanzkommentar², § 249 HGB Rdnr. 41.
[452] Vom 19.12.1986 BGBl.I S.2610: Ermächtigung an den Bundesminister für Umwelt, Naturschutz und Reaktorsicherheit.
[453] *Bartels* BB 1992, 1311 (1313).

standards zu kontrollieren.[454] Voraussetzung ist aber ein qualifizierter Umweltstandard, bei dessen Ermittlung Fachleute beteiligt werden und der durch eine demokratisch besonders legitimierte Instanz erlassen wird.[455] Sind diese Voraussetzungen erfüllt, handelt es sich um normkonkretisierende Verwaltungsvorschriften.[456]

Die auf Grund von § 48 Bundesimmissionsschutzgesetz erlassenen Verwaltungsvorschriften erfüllen die Voraussetzung eines qualifizierten Umweltstandards, weil sie von der Bundesregierung als demokratisch besonders legitimierten Instanz erlassen werden und Sachverständige an dem Verfahren beteiligt werden (§ 51 BImSchG).[457] Bei der Technischen Anleitungen zur Reinhaltung der Luft (TA-Luft)[458] handelt es sich also um eine normkonkretisierende Verwaltungsvorschrift mit Bindungswirkung für alle Beteiligten.

Die TA-Luft beinhaltet allgemeine Richtlinien für Meßmethoden und Immissionsgrenzwerte, Richtlinien für die Begrenzung und die Feststellung von Emmissionen sowie Voraussetzungen für eine Genehmigung neuer Anlagen nach dem Bundesimmissionsschutzgesetz. Sie bestimmt die technischen Voraussetzungen, die für eine Genehmigung einer Anlage nach dem Bundesimmissionsschutzgesetz im einzelnen erforderlich sind. Damit der Immissionsschutz rasch an den jeweiligen Stand der Umweltschutztechnik angepaßt werden kann, sind diese Einzelheiten nicht im Gesetz selbst geregelt.

---

[454] *Jarass* NJW 1987, 1225 (1229).
[455] *Jarass* NJW 1987, 1225 (1229).
[456] BVerwGE 72, 300 (320f); OVG Münster DVBl. 1988, 152 (153); *Jarass* NJW 1987, 1225 (1229); *Erbguth* DVBl. 1989, 473 (476); *Gerhard* NJW 1989, 2233 (2237); *Bartels* BB 1992, 1311 (1313); einschränkend BVerwG DVBl. 1988, 539: "antizipierte Sachverständigengutachten"; vgl. auch *Maurer*, Allgemeines Verwaltungsrecht⁸, § 24 Rdnr.25a; *Everling* RdiW 1992, 379 (383).
[457] *Jarass* NJW 1987, 1225 (1229).
[458] Vom 27.2.1986 GMBl.1986, 95.

§ 9 Rückstellungen für Anpassungsverpflichtungen

Darüber hinaus verpflichtet die TA-Luft den Betreiber einer Anlage, die vor dem Erlaß dieser Verwaltungsvorschrift genehmigt wurde, seine, im Vergleich zum neuesten Stand der Technik, veralteten Anlagen an die neuen Emmissionsgrenzwerte anzupassen.[459] Dabei sind die zulässigen Emmissionswerte durch die TA-Luft deutlich herabgesetzt worden.[460] Solche oder ähnliche Anpassungsvorschriften finden sich auch in anderen Rechtverordnungen auf dem Gebiet des Umweltschutzes.[461] Sie räumen dem Betreiber einer Altanlage in der Regel eine Frist ein, bis zu deren Ablauf er seine Anlage dem neuesten Stand der Technik angleichen muß. Paßt der Kaufmann seine Altanlage nicht innerhalb der bestimmten Frist an die neuen Vorschriften an, droht ihm die Stillegung der Anlage, weil diese dann nicht mehr den Immissionsschutzvorschriften entspricht. Die zuständige Behörde setzt mit Hilfe einer nachträglichen Anordnung (§ 17 Bundesimmissionsschutzgesetz) die Anpassung an die neuen Umweltstandarts durch.[462]

Der Betreiber einer Altanlage ist also auf Grund dieser Umweltschutzvorschriften verpflichtet, seine Anlage umzurüsten, will er diese auch in Zukunft noch betreiben.

Fraglich ist, ob der Kaufmann für diese Umweltschutzverpflichtung bereits heute in seiner Bilanz eine Rückstellung bilden darf, wenn die Anpassungsvorschrift ihm vorschreibt, die Altanlage in einem Zeitraum von beispielsweise fünf Jahren auf den durch die Verwaltungsvorschrift nun festgelegten neuesten Stand der Technik zu bringen.

---

[459] GMBl. 1986, 95 (132).
[460] *Mayer-Wegelin* in *Küting/Weber*, Handbuch der Rechnungslegung³, § 249 HGB Rdnr.44.
[461] Vgl. zum Beispiel "TA-Abfall" GMBl. 1990, 170 (181).
[462] *Bordewin* DB 1992, 1097 (1100).

1. Die wirtschaftliche Verursachung der Anpassungsverpflichtung

Die Aufwendungen für die Anpassung der Altanlage stehen mit deren weiteren Betrieb nach Ablauf der Anpassungfrist im Zusammenhang, weil bis zum Ablauf dieser Frist die Anlage den gesetzlichen Bestimmungen (Grenzwerten) entspricht. Anpassungsverpflichtungen belasten also nur zukünftige Erträge, sind also erst dann im Sinne des Realisationsprinzips "wirtschaftlich verursacht", wenn die Übergangsfrist abgelaufen, und die Anlage nunmehr veraltet ist.[463]

Deshalb darf der Kaufmann nach Auffassung der Finanzverwaltung für die mit der Anpassung verbundenen zukünftigen Aufwendungen keine Verbindlichkeitsrückstellung in seiner Steuerbilanz bilden, solange die Anpassungsfrist noch nicht abgelaufen ist.[464] Voraussetzung für die Bildung einer Rückstellung für ungewisse (öffentlich-rechtliche) Verbindlichkeiten sei deren Konkretisierung auf der einen und deren wirtschaftliche Verursachung auf der anderen Seite. Dabei könne die Frage der hinreichenden Konkretisierung dann offen bleiben, wenn es bereits an der wirtschaftlichen Verursachung fehle. Diese setze wiederum voraus, daß "der Tatbestand, an den das Gesetz (...) die Verpflichtung knüpft, im wesentlichen bereits (zum Bilanzstichtag) verwirklicht ist". Die Verpflichtung zur Einhaltung der Grenzwerte nach der TA-Luft knüpfe an das Betreiben der Anlage nach Ablauf der Anpassungsfrist und habe deshalb ihren Bezugspunkt in der Zukunft. Der Tatbestand sei also nicht in der Vergan-

---

[463] *Günkel* StbJb. 1990/91, 97 (107).
[464] BMF-Schreiben vom 27.9.1988 - IV B 2 - S 2137 - 49/88 = StEK EStG § 5 Rückst. Nr.102 = DB 1988, 2279.

genheit im wesentlichen verwirklicht, eine Rückstellung dürfe der Kaufmann mangels wirtschaftlicher Verursachung demzufolge nicht bilden.[465]

Nach Auffassung derer, die in dem Realisationsprinzip das entscheidende Abgrenzungsprinzip sowohl auf der Aktiv- als auch auf der Passivseite der Bilanz sehen,[466] ist dieses Ergebnis zutreffend. Danach kann sich die wirtschaftliche Verursachung als Ausdruck des Realisationsprinzips auch rückstellungsbegrenzend auswirken.[467] So wie eine rechtlich noch nicht entstandene Verbindlichkeit zu passivieren sei, wenn sie wirtschaftlich eine Vermögensminderung bereits bewirkt habe, sei umgekehrt eine rechtlich bereits entstandene Verbindlichkeit nicht zu passivieren, wenn sie das Vermögen des Kaufmanns noch nicht belaste.[468] Diese Auffassung entspreche der wirtschaftlichen Betrachtungsweise im Bilanzrecht, welche bedeute, daß ungeachtet der rechtlichen Entstehung einer Verbindlichkeit, für deren Passivierung das Realisationsprinzip maßgeblich sei.[469]

2. Das rechtliche Entstehen der Anpassungsverpflichtung

Zwar ist richtig, daß eine Verbindlichkeit, soweit sie rechtlich noch nicht entstanden ist, nur dann rückstellungsfähig und -pflichtig ist, wenn sie wirtschaftlich verursacht ist. Ferner ist richtig, zur Abgren-

---

[465] BMF-Schreiben vom 27.9.1988 - IV B 2 - S 2137 - 49/88, StEK EStG § 5 Rückst. Nr.102 = DB 1988, 2279.
[466] *Eibelshäuser* BB 1987, 860(861); *Herzig* DB 1990, 1341(1347).
[467] *Herzig* DB 1990, 1341 (1347).
[468] *Gail,* Rechtliche Entstehung und wirtschaftliche Verursachung als Voraussetzung für die Bildung von Rückstellungen, in *Albach/Forster (Hrsg),* Beiträge zum Bilanzrichtliniengesetz, 51 (61).
[469] *Moxter* StuW 1989, 232 (239).

zung in diesen Fällen auf das Realisationsprinzip als Ausdruck wirtschaftlicher Betrachtungsweise im Bilanzsteuerrecht zurückzugreifen.

Dies trifft jedoch dann nicht mehr zu, wenn eine Verbindlichkeit bereits rechtlich entstanden ist. In den Fällen kommt es auf die wirtschaftliche Verursachung nicht mehr an.[470] Das Vermögen des Kaufmanns wird durch die am Bilanzstichtag entstandene Verpflichtung derart belastet, daß er sie, will er seine Vermögenslage möglichst vollständig darstellen (§ 246 Abs.1 HGB), in seiner Bilanz passivieren muß.

Dies gilt auch für die Anpassungsverpflichtungen nach der TA-Luft. Auch hier ist zu prüfen, ob nicht die Verpflichtung zur Anpassung der alten Anlagen mit Inkrafttreten der Verwaltungsvorschrift rechtlich entstanden ist. In diesem Fall käme es für die Rückstellungsbildung nicht mehr auf deren wirtschaftliche Verursachung im Sinne des Realisationsprinzips an, weil bei Auseinanderfallen von wirtschaftlicher Verursachung und rechtlichem Entstehen einer Verbindlichkeit der frühere der beiden möglichen Zeitpunkte für die Rückstellung in Betracht kommt.[471]

Das rechtliche Entstehen der Anpassungsverpflichtung nach der TA-Luft ist anders zu beurteilen als im "Hubschrauberfall"[472], bei dem die Verpflichtung zur Inspektion erst im Zeitpunkt des Ablaufs der Frist entsteht.[473]

Die Anpassungsverpflichtung ist dann entstanden, wenn der Tatbestand, an den die TA-Luft die Anpassung knüpft, verwirklicht ist.

---

[470] *Günkel* StbJb. 1990/91, 97 (108).
[471] *Bartels* BB 1992, 1311 (1313).
[472] BFH BStBl. 1987 II, 848.
[473] *Bordewin* DB 1992, 1097 (1101).

Dies ist mit Inkrafttreten der TA-Luft und dem Betreiben einer veralteten Anlage in der Gegenwart der Fall. Das Betreiben der Anlage über die Anpassungsfrist hinaus ist nicht Voraussetzung für die Anpassungsverpflichtung. Es ergibt sich nur mittelbar aus der Verpflichtung, das derjenige, der seine Anlage nicht anpaßt, diese nach der Frist nicht mehr betreiben darf.

Die Behörden haben auf Grund der TA-Luft die erforderlichen Maßnahmen zu treffen, damit die Betreiber einer genehmigungspflichtigen Anlage ihre sich aus § 5 Abs.1 Nr.1 und 2 Bundesimmissionsschutzgesetz ergebenden Verpflichtungen erfüllen.[474] Die dem Betreiber ursprünglich erteilte Genehmigung wird also durch die Verwaltungsvorschrift eingeschränkt.[475] Die TA-Luft müssen die zuständigen Behörden auch bei nachträglichen Anordnungen (§ 17 BImSchG) beachten.[476] Dies bedeutet, daß die Verpflichtung zur Anpassung der alten Anlagen bereits mit Inkrafttreten der Verwaltungsvorschrift rechtlich entstanden ist.[477] Sie ist nicht davon abhängig, daß der Kaufmann die Anlage über die Anpassungsfrist hinaus unverändert betreibt. Sie ist auch nicht von der Erwirtschaftung zukünftiger Gewinne abhängig. Vielmehr muß der Kaufmann seine Anlage anpassen, will er einer nachträglichen Anordnung entgehen.[478] Die Verpflichtung besteht unabhängig von der Frage, wann der Kaufmann innerhalb der "Schonfrist"[479] seine veraltete Anlage anpaßt.

Die Laufzeit der Anpassungsfristen ändern an dem rechtlichen Bestand der Anpassungsverpflichtung nichts. Sie verschieben nur die Fälligkeit der Verpflichtung bis zum Ablauf der Frist.[480] Dies be-

---

[474] Punkt 4.0 der TA-Luft, GMBL. 1986, 95 (132).
[475] *Weber* StbJb. 1990/91, 142.
[476] Punkt 1.0 der TA-Luft GMBl. 1986, 95 (96).
[477] *Bartels* BB 1992, 1311 (1313).
[478] *Weber* StbJb. 1990/91, 142.
[479] *Günkel* StbJb. 1990/91, 97 (108).
[480] *Günkel* StbJb. 1990/91, 97 (108).

rührt aber nicht deren Passivierung, weil der Ansatz einer Verbindlichkeit nicht voraussetzt, daß der Anspruch des Dritten auch fällig ist.[481]

Dem kann auch nicht entgegengehalten werden, daß der Kaufmann sich der Inanspruchnahme bis zum Ende der Anpassungsfrist etwa durch eine Betriebsumstellung noch entziehen kann. Denn der Kaufmann muß nach dem "going-concern"-Prinzip (§ 252 Abs.1 Nr.2 HGB) von der Fortführung des Betriebes wie zum Zeitpunkt der Bilanzierung ausgehen.

Es handelt sich bei den Anpassungsverpflichtungen nach der TA-Luft also um eine ungewisse Verbindlichkeiten, deren Bestand zwar gewiß, deren Höhe jedoch ungewiß ist. Für die entstandene, noch nicht fällige Anpassungsverpflichtung nach der TA-Luft muß der Kaufmann ungeachtet der wirtschaftlichen Verursachung eine Rückstellung bilden.[482]

Dies gilt auch für andere Anpassungverpflichtungen auf dem Gebiet des Umweltschutzes, sofern die Verpflichtung mit Erlaß der Rechtsverordnung oder mit Inkrafttreten des entsprechenden Gesetzes bereits entstanden ist. Bildet der Kaufmann für diese Verpflichtungen keine Rückstellung, so verstößt er gegen den Vollständigkeitsgrundsatz (§ 246 Abs.1 HGB), weil er dann seine Verbindlichkeiten nicht vollständig dokumentiert.

---

[481] *Knobbe-Keuk*, Bilanz- und Unternehmenssteuerrecht^8, S.99.
[482] *Günkel* StbJb. 1990/91, 97 (108); *Bordewin* DB 1992, 1097 (1101); *Bartels* BB 1992, 1311 (1313); *Mayer-Wegelin* in *Küting/Weber*, Handbuch der Rechnungslegung^3, § 249 Rdnr.44; vgl. *Clemm/Nonnenmacher* in Beck'scher Bilanzkommentar^2, § 249 HGB Rdnr.41.

III. Ergebnis zu § 9

Sobald eine Verpflichtung zur Anpassung umwelttechnisch veralteter Anlagen an den neuen Stand der Technik rechtlich entstanden ist, muß der Kaufmann für die zur Erfüllung der Verpflichtung erforderlichen Aufwendungen eine Verbindlichkeitsrückstellung bilden. Dies gebietet der Grundsatz des vollständigen Schuldenausweises (§ 246 Abs.1 HGB).

Die Rückstellungen muß der Kaufmann unabhängig von einer späteren wirtschaftlichen Verursachung der Anpassungsverpflichtung bilden, weil in diesem Fall der Zeitpunkt des rechtlichen Entstehens der Anpassungsverpflichtung maßgeblich ist.

§ 10 Gesamtergebnis und Ausblick

1. Umweltschutzrückstellungen stellen keinen eigenen Tatbestand innerhalb der Rückstellungen dar. Für sie gelten die allgemeinen Voraussetzungen für Verbindlichkeitsrückstellungen. Aufwandsrückstellungen für Umweltschutzverpflichtungen sind in der Steuerbilanz unzulässig.

2. Bei der Passivierung von zivilrechtlichen Umweltschutzverpflichtungen muß der Kaufmann die neuen Verpflichtungstatbestände des Umwelthaftungsgesetzes beachten.

3. Umweltschutzverpflichtungen beruhen zumeist auf öffentlichem Recht.

a) Soweit eine spezielle Umweltschutznorm dem Kaufmann ein bestimmtes Verhalten vorschreibt, zum Beispiel die Entsorgungsverpflichtung für atomare Abfälle (§ 9a Abs.1 AtG) oder die immissionsschutzrechtliche Nachsorgeverpflichtung (§ 5 Abs.3 BImSchG), ist die Umweltschutzverpflichtung so konkret, daß er auch ohne behördliche Inanspruchnahme eine Umweltschutzrückstellung bilden muß.

b) Folgt eine Umweltschutzverpflichtung aus der ordnungsbehördlichen Generalklausel, muß der Kaufmann, entgegen der Auffassung von Rechtsprechung und Finanzverwaltung, auch dann eine Rückstellung bilden, wenn er Kenntnis von der Kontaminierung erlangt hat und die Inanspruchnahme durch die zuständige Ordnungsbehörde wahrscheinlich ist.

4. Ungeachtet ihrer wirtschaftlichen Verursachung in der Zukunft, muß der Kaufmann für rechtlich entstandene Umweltschutzanpassungsverpflichtungen nach der TA-Luft eine Verbindlichkeitsrückstellung bilden. Die entgegenstehende Auffassung der Finanzverwaltung führt zu einem unvollständigen Schuldenausweis.

5. Die Voraussetzungen für die Passivierung von Umweltschutzrückstellungen werden auch künftig umstritten sein. Die Interessen bilanzstarker Unternehmen auf der einen, und der Finanzverwaltung auf der anderen Seite stehen sich in dieser Frage gegenüber. In die Rechtsprechung des Bundesfinanzhofs werden alle Argumente für und gegen eine restriktive Rückstellungsbildung einfließen. Falls der Bundesfinanzhof die Voraussetzungen für eine Passivierung ungewisser öffentlich-rechtlichen Verbindlichkeiten auflockert und denen für ungewisse zivilrechtliche Verbindlichkeiten angleicht, werden Umweltschutzrückstellungen noch stärker als heute zu einem bedeutenden Passivierungstatbestand werden. Die erheblichen finanziellen Folgen in Form von Steuerausfällen sind dabei noch nicht abzusehen.

Sachregister

Abfallbeseitigung............ 72
Abfallbeseitigungs-
  gesetz....................... 92
Abfallgesetz................... 72
Abfallvermeidung............ 72
Abwehranspruch.......... 20,39
Abwertungspflicht......... 123
Aktivierungspflicht.......... 32
Alternative Kausalität...... 49
Altlasten
  - Begriff..................... 86
  - Meldepflicht............. 119
Altlastenkataster............ 117
Altlastensanierung
  - neue Bundesländer....... 89
  - ordnungsbehördliche
    Generalklausel............ 96
Altlastenverdachtsfläche. 26
Altölrücknahme.............. 73
Anlagevermögen............. 32
Anpassungsfrist............. 149
Anpassungsverpflich-
  tung......................... 129
Anschaffungskosten....... 32
Antizipative Posten....... 146
Arzneimittelurteil......... 139
Aufwandsrückstellung
  - pflichtbewehrte.......... 53
  - unechte.................... 53
  - Zulässigkeit.............. 12
Aufzeichnungspflicht...... 47
Ausgleichsposten.......... 145

Bergbau................. 137,142
Beseitigungsanspruch...... 19
Betriebliche Veran-
  lassung....................... 30
Betriebsausgaben............ 31
Betriebsgenehmigung.... 144
Betriebsstillegung....... 75,94
Bevorstehende Inanspruch-
  nahme....................... 101
Beweissituation.............. 41
Bilanz im Rechts-
  sinne..................... 5,6,145
Bilanzrichtliniengesetz...... 9
Bundesimmissionsschutz-
  gesetz.................... 94,151
Bürgerinitiative............... 77

Deckungsvorsorge.......... 47
Dynamische Bilanz........... 6

Einzelbewertung....... 49,114
Emissionswerte............ 147
Entsorgungsverpflich-
  tung......................... 69
Erhaltungsaufwand......... 34
Ermächtigungsnormen.... 62
Ermessensspielraum........ 63
Ersatzvornahme............. 59

Faktische Verpflichtung.. 77
Freiwillige Umweltschutz-
  maßnahmen................ 81

Sachregister

Gefahrenabwehr............... 96
Gefahrerforschung............26
Gefährdungshaftung... 22,43
Gemischte Verpflichtung 53
Gesellschaftsvertrag........ 29
Gewährleistungspflicht....50
Gewässerschutz................ 22
Gewinnermittlung..............7
Gewinnverwendung.......... 7
Gläubigerschutz...............5,35
Going-concern-Prinzip.. 143
Grenzwerte...................... 22
Grundsätze ordnungsmäßiger Buchführung.. 10

Haftpflichtverbindlichkeiten........................... 50
Haftpflichtversicherung...50
Handlungsstörer............... 97
Herstellungskosten.......... 32
Hessisches Abfall- und
 Altlastengesetz..............93
Hubschrauberfall...... 53,151

Immissionsschutz............. 94
Innerbetriebliche Verpflichtung.....................53
Instandhaltung von Fluggeräten.................. 53,151

Jahresabschlußkostenurteil.............................53

Kenntnis der Ordnungsbehörde.......................... 103
Kernkraftwerk.......... 63,137
- Entsorgung................142
- Nutzungsdauer.......... 143

Konkretisierung.........63,99
Kulanzrückstellung..........80

Landesabfallgesetz Nordrhein-Westfalen........... 92

Maßgeblichkeit................10

Nachprämien................... 47
Nachsorgeverpflichtung....................... 74,94

Öffentlichkeit.................. 77
Öffentlich-rechtlicher
 Vertrag........................60
ordnungsbehördliche Generalklausel................96

Passivierung
- Wahlrecht................. 9,13
- Zeitpunkt...............4,130
Pauschalrückstellungen... 49
Presse................................77
Produkthaftungsgesetz.....43

Ratierliche Auflösung....141
Realisationsprinzip. 134,149
Rekultivierung.......... 71,137
Rücknahmegarantie......... 37
Rücknahmepflicht........... 73
Rückstellungen
- Begriff..........................4
- Entstehungszeitpunkt...52
- Höhe...................... 141
- für unterlassene Instandhaltung und Abraumbeseitigung....... 9,13

Sachregister

Sanierungsverpflichtung..74
- Konkretisierung...........97
- öffentlich-rechtliche.....92
- zivilrechtliche.............90
Sanktionsdrohung...........68
Schadensersatzpflicht......21
Schutzgesetz...................22
Schutzrechtsverletzung..108
Statische Bilanz................5
Steuergeheimnis.............121
Steuerschuld.....................2
Stichtagsprinzip.............101
Störerauswahl...........97,120

TA-Lärm.........................22
TA-Luft.....................22,146
Teilwert........................122
Teilwertabschreibung........................122

Uferschutz.....................137
Überkonkretisierung........69
Umwelthaftungsgesetz........................23,43
Umweltrahmengesetz......90
Umweltschutz.................16
Umweltstandard............146

Umweltverbindlichkeit....16
- faktische.......................77
Unterrichtungspflicht.....119

Verpackungsverordnung. 73
Versicherung...................47
Verwaltungsakt...............56
- nichtiger.......................58
- rechtswidriger..............58
- unbestimmter...............57

Vollständigkeitsgebot.....................29,55,138
Vorsichtsprinzip..............34

Wahrscheinlichkeit der
  Inanspruchnahme..66,113
Wasserhaushaltsgesetz....93
Wertminderung.............122
Wissenschaft und
  Technik......................66
Wirtschaftliche Betrachtungsweise.................130
Wirtschaftliche Verursachung...................84,130

Zustandstörer...........97,119

Umweltschutz im Abgaben- und Steuerrecht

Veröffentlichungen der Deutschen Steuerjuristischen Gesellschaft e.V. Band 15, herausgegeben im Auftrag der Gesellschaft von Prof. Dr. Paul Kirchhof, Richter des Bundesverfassungsgerichts. 261 Seiten DIN A 5, 1993, gbd. 74,– DM (für Mitglieder im Jahresbeitrag enthalten). ISBN 3 504 62016 1

Aus dem Inhalt:

Richter des Bundesverfassungsgerichts Universitätsprofessor Dr. *Paul Kirchhof*, Verfassungsrechtliche Grenzen von Umweltabgaben · Universitätsprofessor Dr. *Dietrich Dickertmann*, Erscheinungsformen und Wirkungen von Umweltabgaben aus ökonomischer Sicht · Ministerialdirektor *Paul G. Flockermann*, Stellenwert des Umweltschutzes im Rahmen der Steuerpolitik · Universitätsprofessor Dr. *Meinhard Schröder*, Zusammenwirken von Gemeinschaftsrecht und nationalem Recht auf dem Gebiet der Umweltabgaben · Präsident des Umweltbundesamtes Dr. *Heinrich Freiherr von Lersner*, Bestehende und geplante Umweltabgaben · Universitätsprofessor Dr. *Joachim Lang*, Verwirklichung von Umweltschutzzwecken im Steuerrecht · Universitäts-Dozent Dr. *Markus Achatz*, Umweltrisiken in der Handels- und Steuerbilanz · Wissenschaftlicher Assistent Dr. *Gerd Morgenthaler*, Umweltschutz im Abgaben- und Steuerrecht – Resümee.

Umweltschutz in Steuerbilanz und Vermögensaufstellung

Herausgegeben im Auftrag des Fachinstituts der Steuerberater von StB und WP Prof. Dr. Norbert Herzig. Mit Beiträgen von StB und WP Dipl.-Kfm. Dr. Winfried Gail, StB und WP Dipl.-Kfm. Manfred Günkel und einer Podiumsdiskussion mit StB und RA Dr. Gerhard Lempenau, StB und WP Dipl.-Kfm. Dr. Winfried Gail, StB und WP Dipl.-Kfm. Manfred Günkel, Richter am BFH Christian Herden, Ltd. RegDir. in der OFD Rudolf Stephan und Alfred Weber. Sonderdruck aus „Steuerberater-Jahrbuch 1990/1991". 104 Seiten DIN A 5, 1991, brosch. 39,– DM. ISBN 3 504 62636 4

Themen aus dem Inhalt:

Umweltschutz und Wirtschaftsgut in der Steuerbilanz: Anpassungsverpflichtungen, Altlastensanierungsverpflichtungen, Abfallbeseitigungsverpflichtungen und Rekultivierungsverpflichtungen · Umweltschutz und Wirtschaftsgut in der Vermögensaufstellung · Rückstellungsarten bei Umweltschutzmaßnahmen · Rückstellung für ungewisse Verbindlichkeiten · Rückstellungsbildung bei einzelnen Umweltschutzmaßnahmen · Bewertung · Umweltschutz- und Produktionsanlagen als einheitliche oder selbständige Wirtschaftsgüter · Herstellungs- oder Instandhaltungskosten · Teilwert und Teilwertabschreibung · Ratierliche Rückstellung oder Rückstellung „in toto"? · Rückstellung aufgrund faktischen Leistungszwangs.

Verlag Dr. Otto Schmidt KG · Köln